마음가는대로해라

마음가는 대로 해라

삭과 직장에서
의미 찾기

Follow Your Heart

글·그림 **앤드류 매튜스** | 번역 **김유경**

데이원

마음의 소리를 따라 신나게 살아오신 이 책의 산증인이자

내 아버지인 피터를 기억하며.

출판인이자 소중한 아내인 줄리에게 바칩니다.

이 책이 만들어지기까지 당신이 줬던 모든 아이디어에 고마워.

글과 그림에 관해 조언해 주고,

어떤 걸 넣고 어떤 걸 빼야 할지 중요한 결정들을 도와줘서 고마워.

레이아웃과 커버디자인에 관해 조언해 줘서 고마워.

현명하게 출판사를 꾸려 나가 줘서 고마워.

일이 잘 성사되도록 지구 반대편에서 수없이 긴 날들과 늦은 밤에도

전화 너머로 함께해 줘서 고마워.

당신의 노고가 제일 컸어.

책을 성공시키기 위해 당신이 얼마나 열심히 일해 줬는지

이루 말할 수 없어.

사실 그 무엇보다도 내게 사랑과 행복을 가져다줘서 고마워.

당신은 내 영감의 원천이야.

목차

"회사가 당신의 공로를 인정하기로 했어요."

마음 가는 대로 해라 10계명

1. 우리는 교훈을 배우기 위해 태어났으며, 세상은 우리의 스승이다.

2. 우주는 사람을 편애하지 않는다.

3. 우리는 믿는 대로 살게 된다.

4. 사람이든 돈이든 무언가에 집착하는 순간, 그것이 우리를 옭아맬 것이다.

5. 우리가 집중하는 것이 확장된다. 그러니 원하는 것에 집중하라!

6. 마음 가는 대로 해라!

7. 성공은 신이 아니라 우리 자신이 만든다.

8. 세상에 맞서 싸우지 마라. 내버려 두어야 저절로 풀리는 일들도 있다.

9. 사람들을 어떻게 사랑하냐고? 그들을 있는 그대로 받아들이면 된다.

10. 우리의 사명은 세상을 바꾸는 게 아니라 우리 스스로를 바꾸는 것이다.

1장

우리는 교훈을 배우기 위해 태어났으며, 세상은 우리의 스승이다

교훈을 배우는 데 실패하면 계속 시련을 겪고 또 겪는다.
한번 교훈을 배우게 되면, 다음 단계로 넘어간다.
교훈이 바닥날 일이 없는 것이다!

시련이 왜 필요할까?

눈앞에 뻔히 보이는데도

내가 열 살 때, 가장 소중한 물건은 축구공이었다. 밥을 먹거나 잠을 잘 때도 늘 축구공과 함께였고, 매주 신발 대신 축구공을 깨끗하게 닦았다. 난 축구에 대해서 모르는 게 없었다. 하지만 그 밖의 다른 것들은 알쏭달쏭했고, 아기가 어떻게 나오는지도 몰랐다.

어느 날 오후, 길에서 놀다가 내 귀중한 공을 잃어버렸다. 모든 곳을 찾아보았지만 어디에도 없었다. 아무래도 누군가 훔쳐 간 게 분명했다.

마침내 난 재킷 아래에 축구공을 숨긴 듯한 여자를 찾아내고야 말았다. 그녀에게 다가가 물었다. "내 축구공을 옷 속에 넣고 뭐 하시는 거예요?"

알고 보니 그녀는 축구공을 가지고 있지 않았다. 그날 나는 아기가 어디서 태어나는지, 임신 9개월의 임산부가 어떻게 보이는지 알게 됐다. 그리고 날이 저문 후에야 축구공을 찾을 수 있었다.

놀랐던 건 왜 열 살이 되기 전까지는 임신한 여자가 보이지 않았을까 하는 점이었다. 그 후로는 그들에게 둘러싸인 것처럼 느껴졌다.

요약하자면

우리는 살면서 새로운 정보를 받아들이게 되는 시기가 있다. 그때까지는 눈앞에 들이밀어도 보지 못한다.

왜 시련이 필요할까?

우리 대부분은 뒤통수를 얻어맞아야 비로소 교훈을 얻는다. 왜냐하면 변하지 않는 게 더 쉽기 때문이다. 그래서 벽에 부딪힐 때까지 하던 일만 계속한다.

건강을 예로 들어 보자. 우리는 언제 식이요법이나 운동을 시작할까? 몸이 망가져 의사가 "생활 습관을 바꾸지 않으면 죽고 말 거예요"라고 말할 때다. 우리는 그제야 정신을 차린다.

인간관계에서도 마찬가지다. 언제 서로를 얼마나 사랑하는지 솔직히 이야기할까? 결혼 생활이 무너지고 있을 때다. 가족이라는 울타리가 사라지고 있을 때!

학교생활을 볼까? 우리가 마음먹고 공부하기 시작할 때는 낙제가 눈앞에 있을 때다. 사업을 할 때 언제 새로운 아이디어를 시도하고 과감한 결정을 내릴까? 청구된 돈을 낼 수 없을 때다. 고객 서비스의 중요성을 배우는 순간은 언제인가? 고객들이 떠나간 후다.

보통 언제 신께 기도할까? 우리 삶이 망하고 있을 때다. "하느님, 저번에 요구르트가 프라이팬에서 터졌던 참사 이후로는 처음이지만……"

일이 틀어질 때 우리는 큰 깨달음을 얻곤 한다. 인생에서 가장 중요한 결정을 내린 시기는 언제인가? 시련과 거절로 인해 무릎을 꿇거나, 뒤통수를 맞고 난 후다. 그제야 우리는 다짐한다. '빈 털터리인 것도 지겹고 여기저기 휘둘리는 것도 싫어. 평범하게 살고 싶지 않아. 무언가를 해 볼 거야.' 우리는 성공을 기뻐하지만 성공에서 배우는 건 적다. 실패는 아프지만 무언가를 배우는 것은 바로 실패했을 때다. 인생을 돌아보면 '시련'은 보통 전환점이었다.

ANDREW MATTHEWS

성공한 사람들은 문제를 찾아 나서지 않는다. 어쩌다 허를 찔렸을 때도 그들은 스스로에게 묻는다. "내가 하는 생각과 행동을 어떻게 바꿔야 할까? 어떻게 해야 지금보다 더 나은 사람이 될까?" 패배자들은 모든 경고 신호를 무시한다. 지붕이 무너져도 투덜거릴 뿐이다. "왜 항상 나에게만 이런 일이 벌어질까?"

우리는 습관의 동물이다. 변하도록 강요해야 기계적으로 하던 행동을 멈춘다.

메리는 남자친구인 알에게 차였다. 절망에 빠진 그녀는 한 주를 꼬박 침실에 틀어박혀 지냈다. 그러다 차츰 옛 친구들에게 전화를 걸기 시작했고, 새로운 친구들도 만났다. 곧 이사를 가고 직장도 옮겼다. 여섯 달 후 그녀는 예전보다 더 행복해졌고, 자신감도 넘쳤다. 지금 생각해 보면 알을 잃었던 '시련'은 그녀 인생에서 가장 좋은 일이었다.

프레드는 직장에서 잘렸다. 일을 구하지 못해 작은 사업을 시작했다. 생전 처음 사장이 된 그는 진정으로 원하는 일을 하게 되었다. 여전히 크고 작은 문제는 있지만 분명한 건 그의 삶은 시련에서 벗어나 새로운 의미와 흥미로 가득 찼다.

인생은 고통스러운 시련의 연속인 걸까?

꼭 그렇지만은 않다. 우주는 언제나 상냥하게 신호를 보낸다. 그 신호를 무시할 때 쇠망치가 날아오는 것이다.

시련에 저항할수록 성장하기 가장 아픈 법이다.

우리는 매 순간 교훈을 얻을 수 있다

종종 도저히 이해할 수 없는 일들이 일어난다. 에이즈에 걸려서 태어난 아이, 강도가 쏜 총에 맞은 젊은 엄마, 홍수로 전부 쓸려 나간 마을. 이런 상황이 벌어지면 우리는 "왜?"라고 물어보는 것밖에 할 수 없다. 그러나 '일상생활'에서는 단서를 찾을 수 있다.

어떤 일들이 특정한 사람들에게만 일어난다는 걸 느낀 적 있는가? 루이즈는 여섯 달마다 해고되고, 프랭크는 매년 소송에 휘말리며 짐은 휴가 때마다 식중독에 걸린다.

또 어떤 일들은 특정한 사람들에게만 일어나지 않기도 한다. 짐은 한 번도 해고된 적이 없고, 루이즈는 법원에 가 보지 않았으며 프랭크는 병원에서 보낸 어떠한 엽서도 받아 본 적이 없었다.

사람들은 저마다 다른 교훈을 배운다. 상황에 대처하는 세 가지 말을 들어 보자.

· "삶은 내게 필요한 교훈의 연속이야. 늘 알맞은 상황에 주어지지." (크나큰 마음의 평화를 보장하는 가장 건강한 사고방식)
· "삶은 일종의 복권이나 다름없지만 할 수 있는 한 가장 크게 성취해 낼 거야." (평균적인 삶을 사는 두 번째로 좋은 선택)
· "나쁜 일들은 왜 나에게만 일어날까?" (가장 큰 절망과 좌절을 보장하는 사고방식)

우리는 끊임없이 교훈을 맞닥뜨린다. 그런데도 배우는 게 없다면 교훈이 계속해서 당신을 내려칠 것이다.

우리에게 주어지는 교훈을 신의 섭리라 여기든 자연적으로 발생하는 일이라 여기든 상관없다. 좋아하건 싫어하건 간에 교훈은 계속 던져진다. 그것에 책임을 지거나 본인을 피해자라고 주장하거나, 맞서 싸우거나 무시하거나 어쨌든 교훈은 우리가 살아가는 동안 줄곧 주어진다. 이웃이 당신을 욕할 때마다, 영업 사원이 당신을 등쳐 먹었을 때마다, 연인에게 버림받았을 때마다 교훈이 우리를 정면으로 노려보고 있다.

일주일 내내 절망을 느꼈다면, 십중팔구 교훈을 놓치고 있는 거다. 직장과 연인 그리고 돈을 계속 잃는다면 주의를 기울여서 보아야 하는 신호가 있을 것이다. 어떤 숙녀도 말했잖은가! "매번 똑같이 해묵은 문제들이 다른 옷만 껴입은 채로 나타나요!"

그러면서도 고작 하는 말은 "불공평해!"가 전부다.

요약하자면

우리는 벌받으려고 태어나지 않았다. 오히려 배우기 위해 태어났다. 우리는 모든 일을 겪으면서 변하게 되는데 그중에서도 특히 시련을 통해 생각이 가장 크게 변화한다.

모든 일에 목적이 있다 생각하면 삶도 목적을 갖게 된다. 어떤 경험을 왜 해야 했는지 이유를 깨닫고 그걸 정복한다면 다시는 그런 경험이 필요하지 않을 것이다.

그것만 아니라면 무엇이든 하겠어요!

흔히들 가장 중요한 교훈은 뒤로 미뤄 놓고 싶어 한다. 엄마와 사이가 안 좋은 경우 "엄마가 했던 못된 말들을 생각하면 다른 건 다 해도 엄마를 사랑하진 못하겠어"라고 말한다. 맞는 말이다! 우리는 아마도 거의 모든 일을 할 수 있을 거다. 지금 당장 해야 하는 그 일 빼고. 하지만 그것이 교훈이다. 성장이란 새로운 토대를 만들어 나가는 작업이다.

내 전남편은 성가셔요!

이혼한다고 해서 그 사람과 함께하는 수업이 끝난 건 아니다. 결혼 생활에 종지부를 찍더라도 우리가 불행과 재산 문제로 상대방을 계속 비난하는 한, 서로에게 여전히 매인 몸이다. 이렇게 연결되어 있는 이유는 두 사람이 아직 배워야 할 게 남았기 때문이다.

"하지만 그 자식은 멍청이예요. 도저히 용서할 수가 없다고요!"라고 말한다면, 그를 용서하는 게 가장 어려운 일일지도 모른다. 하지만 자신에게 연습할 기회가 주어진 셈이다. 그 수업을 미룰 수 있겠지만 삶과 건강이 나아지길 바란다면 언젠가는 들어야 할 수업이다. 누군가가 삶을 망치고 있다고 생각한다면 그 생각은 곧 실제로 벌어지게 된다. 우리의 행복에 그 사람이 걸림돌로 느껴지겠지만 실제 걸림돌은 우리 자신이다. 왜냐하면 사람들은 우리가 어떻게 보는지에 따라 달라지기 때문이다.

내 상사는 위선자예요. 그는 소름 돋는 짓을 멈춰야 해요. 이건 내 잘못도 아닌데 무슨 교훈을 배워야 하죠?

그를 소름 끼치는 위선자라 생각하는 한 그는 그런 인간으로 남을 수밖에 없다. 생각은 자유다. 하지만 변하기로 마음 먹는다면, 즉 그의 장점에 눈을 돌리고 비판하는 걸 멈추고 더 나아가 그를 이해하려고 한다면 문제는 간단히 사라질 것이다. 어떻게 하냐고? 가능성은 얼마든지 있다.

· 그가 나의 태도 변화에 응답하여 마음을 열 수 있다.
· 그가 다른 부서로 옮겨 갈 수 있다.
· 당신이 다른 직장을 구할 수 있다.
· 그가 다른 직장을 구할 수 있다.
· 그가 좋아질 수도 있다. (정말이다.)

애초에 참을 수 없을 것 같았던 사람들과 친구가 되는 일도 종종 일어난다. 내가 변하면 상황도 따라 변한다. 그건 하나의 법칙이다. 어떤 이유로 그렇게 되는지는 중요하지 않다. 나의 변화는 내 주변을 바꾼다. 단, 내 변화가 진심에서 우러나와야 한다. "참아는 보겠지만 프레드가 얼간이인 건 사실이에요"라고 말한다면 그건 내가 완전히 변하지 않았다는 뜻이다.

얼마나 오래 걸릴까? 자신이 변하는 시간에 달렸다.

그냥 직장을 관두면 안 될까? 그래도 된다. 그러나 다른 직장에서 위선적인 인간을 안 만나리란 보장이 없다. 그것이 대우주의 가르침이다.

새로운 도시로 가면 새롭게 출발할 수 있을 텐데

틀렸다! 새출발을 하기 가장 좋은 장소는 당신이 지금 있는 바로 그곳이다. 프레드는 동네 사람 절반에게 빚을 졌다. 프레드가 스스로에게 말한다. "이사 가야 할지도 모르겠어." 하지만 이사를 하더라도 그의 생각과 습관도 함께 따라갈 것이기에 그가 살아가는 모습은 변하지 않는다. 프레드가 아무리 도시를 바꾸어도 똑같은 상황이 불거질 테고, 화난 채무자들 또한 여전할 것이다.

씀씀이가 헤픈 사람이 아르헨티나로 이주한다고 해서 그 씀씀이가 변할까? 그렇지 않다. 프레드에게 해 줄 최고의 조언은 이것이다. "주소를 바꾸기 전에 생각부터 바꾸게나."

교훈은 지구 끝까지 쫓아온다

질의 가족들은 돈을 불결한 단어
라 생각했다. 딱히 궁금하지는 않았
지만 질은 돈을 달라고 부모님께 말
하기가 어려웠다. 부모님은 돈을 나
눌 마음이 없었고 가족들은 돈 때문
에 종종 말다툼하곤 했다.
질은 독립한 후 바르셀로
나에서 돈이 많은 남자와
결혼했다. 그렇지만 그 또한
그녀에게 한 푼도 주려 하지 않았
다. 우리가 시련에서 아무 교훈도 얻지 못한다면 시련은 끝나
지 않는다. 시련에서 벗어나고자 어디론가 떠나려 할 때, 비
행기에서 내리자마자 시련이 우리를 기다리고 있을 것이다.

티베트에 간다면 인생의 의미를 찾을 수 있을 텐데

인생의 의미를 찾아 먼 땅으로 여행을 가겠다는 거창한 꿈
을 꾸는 사람들이 있다. 짐 트렉스는 히말라야로 여행을 떠났
다. 하루는 설사에 시달리며 먼지가 가득한 길모퉁이에 앉아
있었다. 그는 따뜻한 욕조에 몸을 담그고 싶었다. 그러다 번
뜩 이런 생각이 스쳤다. "리츠 칼튼에 간다면 깨달음을 얻을

수 있을 것 같아."

티베트에서 인생의 의미를 찾는다는 건 낭만적으로 들리지만 그 깨달음은 티베트 사람들의 몫이다. 우리가 찾는 인생의 의미는 우리가 사는 도시 근교에 있다.

우리가 두려워하는 교훈

두려움을 마주해야지만 두려움과 맞서 싸울 수 있다. 우리는 항상 우리에게 필요한 학습 경험을 끌어당기고 있기 때문에 우리가 두려워하는 경험 또한 종종 끌려온다.

그러므로 무분별하게 빚을 지는 걸 두려워하면 결국은 빚을 지는 게 어떤 건지 알게 될 확률이 크다. 외로움이 두렵다면 외로움을 불러들일 것이다. 실패가 두렵다면 실패하게 될 것이다. 삶은 그런 방식으로 우리를 성숙하게 만든다.

요약하자면

우리 개개인은 원인이 된다. 우리의 생각이 어떠한 상황을 불러오거나 만들기 때문이다. 하지만 우리가 변하면 다른 상황이 펼쳐진다. 빚, 직장, 연인과 관련된 교훈을 배우기 전까지 우리는 같은 교훈에 계속 머무를 수도 있고 포장만 다른 똑같은 교훈을 받아들이는 중일 수도 있다. 삶은 이처럼 흘러간다.

일종의 경고와 같은 작은 조약돌이 우리에게 날아오고는 한다. 조약돌을 무시하면 벽돌에 얻어맞고, 벽돌을 무시하면 바위에 짓눌린다. 솔직히 어디서 경고 신호를 무시했는지 뻔히 알지만 우리는 뻔뻔스럽게 말한다. "왜 하필 나야?"

삶은 배움의 장

인생의 보물을 발견하려면 심연으로 한 발자국 내디뎌야 한다.

보물은 네가 발을 헛디디는 순간 눈앞에 보일 것이다.

들어가기 두려운 동굴로 들어가라.

그곳이야말로 네가 그토록 찾아 헤매던 보물이 있는 곳이다.

-조셉 캠벨

삶이 언제나 고통스러울 필요는 없지만 고통은 우리를 변하게 하는 가장 강력한 요인이다. 아프기 전까지는 태연한 척 스스로를 속인다. "난 괜찮아"라고 자존심이 얘기한다. 무척 아프고 나서야—예를 들어 사무치도록 외롭고, 겁이 나 죽을 지경이 돼서야—사람들은 약해진다. 그러다가 더 이상 자존심만으로는 버틸 수 없을 때, 우리는 마음을 열게 된다. 고통은 우리를 진실되게 만든다.

다른 사람들이 겪는 고통을 이성적으로 판단하는 일은 누구에게나 쉽다. 우리는 짐을 보며 말한다. "그가 파산하며 크게 배웠을 거야." 메리를 보며 말한다. "그녀는 이혼한 덕분에 자립할 수 있게 되었어." 모두가 수긍하기를 "시련은 사람을 더 강하게 만든다."

그렇지만 정작 본인에게 시련이 닥치면 태도가 달라진다. "하느님, 대체 이게 뭐죠? 제발 쉬운 시련을 주세요." 안타깝게도 진짜 시련은 쉽지 않은 법이다.

좋은 사람들만 곁에 두었어도

우리는 삶을 돌아보며 말한다. "게으른 남편과 망아지 같은 자식들만 없었다면 인격적으로 성숙할 수 있었을 텐데." 천만의 말씀! 그들이야말로 당신의 인격을 성숙하게 만들어주는 사람들이다.

우리가 살면서 만나는 사람들은 모두 우리의 스승이다. 코를 골고 찬장 문을 도무지 닫지 않는 남편, 고마움을 모르는 배은망덕한 자식들, 집 앞 진입로에 주차하는 이웃들…….

"이놈들이 정신을 좀 차려야 내가 행복할 수 있을 텐데"라고 한참을 한탄한다.

아내가 당신을 화나게 한다면, 분노에 효과적으로 대응하는 법을 연습하는 계기로 삼자. 그걸 익히는 걸 도와줄 가장 훌륭한 상대방이 집에 있지 않나. 아내가 연습 상대가 될 수 있다. 얼마나 다행인가!

"이혼할 거야! 문제를 해결할 방법은 그거야"라고 말할 수도 있다. 그러나 전처만큼 당신을 화나게 하는 다른 누군가와 결혼하게 되면 문제는 원점으로 돌아간다.

요약하자면
우리가 살면서 만나는 모든 사람은 스승이다. 우릴 돌아 버리게 만드는 사람조차 깊은 인내심을 가르쳐 준다. 물론 그들이 우리의 스승이라고 해서 그들을 좋아해야만 하는 건 아니다.

한 걸음, 한 걸음

인생은 사다리와 같다. 올라가기 위해선 현재 딛고 있는 계단부터 제대로 밟아야 한다. 일이든 인간관계든 돈이든 그 무엇이 됐건 마찬가지다. 일단 제대로 발을 내디뎌야 다음 단계로 넘어갈 수 있다. 우리는 여러 가지 방식으로 각 단계를 해결해 나간다.

· "난 이 계단이 싫어. 다른 계단에 있고 싶어."

　이 경우에는 한 발짝도 뗄 수 없다.

· "저 사람의 사다리가 좋아 보여."

　이건 질투다.

· "이 사다리는 썩었어. 뛰어내릴 테야."

　자살행위다.

　곤경에 빠졌다면 스스로에게 물어나 보자. "내가 어떤 계단을 밟지 않은 거지?"

삶은 언제쯤 쉬워질까?

　쉬워질 일은 없다! 대신에 더 능숙하게 삶을 요리할 수는 있다. 지구에 사는 한 '인생 수업'이란 걸 들어야 하는데, 숨 쉬는 동안은 언제나 배움의 장이 열린다는 뜻이다.

　'유치원, 초등학교, 사춘기만 지나면' 혹은 '직장만 가진다면' 삶이 쉬워질 거라고 생각하는데 그렇지 않다. 아무도 미리 경고해 주지 않았으니 혼란스러운 건 당연하다.

　먼발치에서 다른 사람들을 보면 그들이 쉬운 길을 가는 듯

이 보이겠지만 그들 나름대로 문제들을 안고 있다. 빌은 아무 문제 없이 순항하는 것처럼 보인다. 착실하게 연금을 받으며 은퇴 후 삶을 즐기는 듯하다. 자신의 집이 있고 멋진 차를 타고 다니며 좋은 레스토랑에서 식사를 하고 해외여행도 다니는 데다 골프도 친다. 그렇지만 우리는 그가 보험 회사와 소송 중이고 그의 집 지붕에서 물이 새며 그의 아들은 코카인 중독자이고 강도가 내일쯤 비디오 리코더를 훔쳐 갈 사실은 모른다.

너 나 할 것 없이 시련의 연속이다.

삶이 쉬워질 수 없는 한 가지 이유

우리는 세상일이 너무 쉬우면 도리어 스스로 문제를 만들어 낸다. "눈 감고도 할 수 있는 일이야. 내겐 도전이 필요해." 우리 삶이 너무 단순해지면 심지어 가족을 꾸리기까지 한다. 집 대출금을 다 갚고 나면 더 큰 집을 사 버린다. 삶을 복잡하게 만드는 건 세상이 아닌 우리 자신이다.

그럼 어떻게 해야 미치지 않을 수 있을까?

방법을 달리하면 된다.

· 절대 "⋯⋯을 다 할 때까지 쉬거나 즐길 수 없어"라고 말하지
  마라. 그냥 편안하게 그 과정을 즐겨라.
· 끊임없이 물어라. "여기서 배울 점이 뭐지?"

삶이 차곡차곡 접힌 박스처럼 늘 정돈된 모습일 리 없다. 행복은 신기루처럼 아스라이 보인다. 사람들은 사막을 기어다니다 "행복"이라고 적힌 표지판을 보고 "저기에 가면 행복할 거야"라고 말한다. 언뜻 보면 논리도 갖췄다. "내가 지금

행복할 수 없는 이유는 화장실 리모델링 때문이야. 하지만 다음 달에는……." 다음 달엔 아이들이 독감에 걸리고, 고양이가 발정을 하고, 친척들이 집에 와 머무를 것이다. 그러면 다시 말한다. "내년 4월쯤이면……."

다른 사람에게 교훈 주기

책을 읽고 감명받아 본 적 있는가? 그때 우리는 친구에게 "이거 읽어 봐. 정말 굉장해"라고 말한다. 그러고는 잔뜩 기대에 부풀어서 친구가 들뜬 목소리로 전화해 주기를 기다리지만 전화벨은 울리지 않는다. 6개월이 지난 후 책을 돌려 달라고 했을 때 친구가 그 책을 읽지도 않았거나 잃어버렸다는 것을 알게 된다. 이렇듯 책을 포함해 우리가 종종 건네는 '우호적인 충고'에 관한 교훈이 있다. 자신이 어떤 지식을 받아들일 준비가 되었다고 해서 다른 사람들도 준

비가 되었다고 기대할 수 없다는 점이다.

요약하자면

물어보지 않는다면 대체로 알고 싶지 않다는 뜻이다.

여기서 배울 점은 무엇일까?

이때까지 살아온 길을 되돌아보면 그 길을 택한 이유가 보일 것이다. 선생님부터 연인, 비행기에서 만난 낯선 이들에 이르기까지 과거에 스쳐 지나간 사람들 모두가 우리에게 삶의 방향을 제시해 주었다. 헌책방에서 건진 책 덕분에 사고방식을 바로 세웠을 수도 있다. 질병, 실연, 실패와 경제적 위기 같은 '사고'들로 인해 더 단단한 사람이 되거나 열정을 배웠을지도 모른다. 돌이켜 보면 '시련'은 위대한 계획의 일부분을 차지하고 있었다. 순서대로 차근차근 교훈들을 배워 나갔다는 느낌이 들기도 한다. 그리고 한 가지 일이 언제나 또 다른 일로 이어졌음을 깨달았을 것이다.

애초에 시련 속에서 장기적인 전망을 바라보기란 쉽지 않다. 시간차가 있다 보니 우리는 말하곤 한다. "이건 우리가 합의한 대본이 아니잖아요. 죄송한데요, 하느님. 큰 실수 하신 것 같네요." 해고당한 지 6개월 정도 흐른 뒤에야 결과적으로는 모든 게 계획되어 있다는 걸 알게 된다. 우주는 참을성이 많고 집요한 스승이다. 우주가 보내는 신호를 잘 본다면 인생은 비교적 순탄하게 흘러갈 것이다. 그러나 졸음운전을 한다면 쿠당탕, 아주 본격적인 학습 경험—파산, 이혼, 심장병 등—을 할 수밖에 없다.

프레드는 항의할지도 모른다. "정해진 길은 없어. 어쩌다 보니 어디엔가 있게 됐을 뿐이야." 그러나 골똘히 생각해 보면 그도 자신만의 과정이 준비되어 있음을 알아차리게 될 것이다.

다음 교훈은 무엇일까?

그 교훈은 보통 바로 코앞에 있다. 우리는 그게 무엇인지 정확히 알고 있으면서도 사라지기만을 바란다.

2장

우주는
사람을 편애하지
않는다

성공과 행복은 자연법칙을 따른다.
따라서 성공과 행복은
우리가 자연법칙을 어떻게 이용하느냐에 달렸다.

씨앗의 법칙

보편적인 법칙

먼 옛날, 위대한 스승이라 불리던 이들은 자신의 이야기를 전할 때 씨를 뿌리고 물을 긷는 내용을 꼭 말하곤 했다. 물론 그 시절 사람들은 농사와 낚시를 이해하고 있었기 때문에 계절과 곡식, 물고기 이야기는 당연했다. 하지만 한 발 더 나아

가 자연법칙이 바탕에 있음을 알아야 한다. 우리가 양치기이 거나 프로그래머이거나 상관없이 같은 법칙이 적용된다.

씨앗의 법칙

나의 첫 책인 《즐겨야 이긴다 BEING HAPPY!》에서 나는 자연의 법칙에 대해 다루었다. 제2장은 이러한 개념들의 확장판이라고 할 수 있다. 먼저 씨앗의 법칙을 보자.

이 법칙은 "일을 한 뒤에 씨앗을 거두어들여라"라는 교훈을 준다. '땅을 파고 씨앗에 물을 주는 행위(노력)'가 '기다림의 시간(인내)'과 만나야 콩을 수확할 수 있다. '노력+인내=결과'이다.

사람들은 종종 이 법칙을 잊는다. 그들은 말한다. "오늘 콩을 심으면 내일 뭘 받게 될까?" 답은 "젖은 콩"이다. 씨앗의 법칙은 "오늘 심고 나중에 거두어라"라고 말한다. 지금 콩을 심으면 4개월 후에나 콩을 따게 된다. 자급자족하던 때의 사람들은 아마도 이 개념을 더 잘 받아들였을 것이다. 하지만 지금은 인스턴트 라면의 시대이다.

프레드가 말한다. "괜찮은 직업이 있었더라면 정말 열심히 일했을 거야. 고작 접시 닦는 일이나 하면서 뭘 바라." 아니야,

프레드! 마을에서 제일가는 접시 닦이가 된다면 누군가는 널 알아봐 줄 거야. 널 승진시켜 줄지도 몰라. 아니면 언젠가는 네가 진정으로 하고 싶은 일을 하고 있을 거라는 자신감이 생길 거야.

노력이 먼저고, 추수는 그다음이다. 이것이 원칙이다. 순서를 뒤집을 수는 없다. 메리가 말한다. "날 승진시켜 주세요. 그럼 직장에서 그만 잘게요." 프랭크는 말한다. "월급을 올려 주세요. 그럼 그만 아플게요." 제인이 말한다. "결혼 생활이 행복하다면 남편에게 잘할 텐데."

신용카드와 우편 주문 카탈로그는 당장 무언가를 사도록 부추긴다. 다가오는 2월까지는 이자를 내지 않아도 되지만 3월에는 파산하게끔 한다. 결국 같은 원리이기 때문에 '우선 사고 나중에 지불해라'보다는 '우선 벌고 나중에 지불해라'가 낫다.

우리는 정원에서 또 다른 교훈을 배운다. 바로 열두 개의 콩을 심어도 열두 개의 콩 줄기를 얻지 못한다는 사실이다. 프레드가 심은 콩 씨앗들 중 몇 개는 불에 타고, 몇 개는 바람에 날아가 버린다. 벌레가 몇 개를 갉아 먹고, 새들이 서너 개쯤 채 간다. 기어코 두 개의 콩 줄기밖에 남지 않자 프레드는 소리친다. "억울해요!" 그게 인생이다.

좋은 친구들을 사귀고 싶다면 많은 사람들에게 인사하는 것부터 시작해야 한다. 이상적인 직원을 뽑고 싶다면 적어도 오십 명 가까이 면접을 봐야 한다. 단골손님을 만들고 싶다면 적어도 백 명의 손님을 대접해야 하고 천상의 스파게티 소스를 발굴하려면 수많은 레스토랑에서 음식을 먹어 봐야 한다.

당신의 아이디어, 직원, 심지어 친구 대다수는 바람에 날아가거나 새들에게 먹힐 것이다. 이건 싸워서 이겨 낼 종류의 것이 아니라 이해해야 하는 일이다. 뿐만 아니라 각오해야 하는 일이다.

모든 결과에는 원인이 있다

삶이 정체되어 있다면, 본인이 어떤 노력을 들이는지를 들여다볼 필요가 있다. 여태껏 이렇게 말하는 사람은 보지 못했다. "새벽에 일어나서 운동하고, 공부도 하고 교우 관계를 돈독히 해요. 제 일에 대해 할 수 있는 한 최대한 노력하죠. 그런데도 좋은 일이 일어나지 않아요." 삶은 에너지 시스템과 같다. 좋은 일이 일어나지 않는다면 순전히 자신의 잘못이다. 우리가 공들인 만큼 좋은 상황이 펼쳐진다는 사실을 인정하고 나면 더 이상 스스로 시스템의 제물이 되려고 하지 않을 것이다.

다른 사람들의 삶을 보고 말한다. "도대체 원인과 결과의 법칙은 어디로 간 거죠?" 랄프가 승진하자 우리는 묻는다. "그가 승진할 만했나요?" 행복한 결혼 40주년을 축하하는 이웃을 보고 우리는 말한다. "어쩜 저리도 운이 좋지?" 헷갈리겠지만 원인과 결과의 법칙은 모두에게 똑같이 작용한다.

우리는 우리가 구하는 대로 받게 된다. 브루스는 다이아몬드와 향수로 여자들을 사로잡는다. 그러다가 그들이 그를 차버렸을 때 그는 돈 때문에 이용당했다고 항변한다. 다이아몬드를 미끼로 썼으니 다이아몬드를 좋아하는 물고기를 낚는게 당연하지 않은가! 뭐가 놀랄 거리일까.

웬디는 깊이 파인 넥라인의 옷을 입고 마을을 돌아다닌다. 그러면서 남자들이 그녀의 겉모습만 본다고 화를 낸다. 한 블록 밖에서도 가슴골을 찾아내는 게 남자들인걸! 전혀 이상하지 않다.

요약하자면

솔직히 말하면 우리는 우리에게 일어난 모든 일을 나열할 수 있고 왜 그런 일들이 일어났는지도 알고 있다. 우주의 법칙이 이웃에게 적용되고 있는지 신경 쓰지 마라. 인과의 법칙이 우리의 인간관계와 성공, 실패에 작용하는지를 살펴라. 그래야 마음이 평온해질 것이다.

잘할수록 게임의 판은 커진다

작은 게임에서 이기면 더 큰 게임을 할 기회가 주어진다.

학교는 1학년부터 시작한다. 그러다 2학년이 되고, 3학년을 넘어 다음 학년으로 넘어간다. 이러한 효율적인 시스템에서 '잘할수록 게임의 판은 커진다'라는 법칙을 엿볼 수 있다.

살다 보면 가끔 이 개념을 잊곤 한다. 프랭크는 차 할부금을 갚기 위해 애쓰고 있다. 이십 년 동안 일한 끝에 그는 정확히 팔십칠 센트를 저축했다. 그가 말한다. "백만 달러가 수중에 있다면 잘 관리할 텐데." 천만의 말씀! 프랭크, 네가 현재해야 하는 일은 십 달러라도 모으는 일이야. 백은 천이 될 테고 너는 백만까지 부지런히 모아야 해.

캔디는 지역 술집에서 일하는 가수인데 스타가 되고 싶어한다. 그녀가 말한다. "천 명의 관중만 있어도 진짜 멋진 공연을 보여 줄 텐데. 단 여섯 명의 패배자들 앞에서 내 재능을 낭비한다는 건 미친 짓이지." 여섯 명의 관중에게 공연을 하다 보면 곧 열두 명으로 늘어날 테고 어느새 백 명을 돌파해 언젠가는 천 명의 관중을 거느리게 될 것이다.

짐은 작은 회사에서 보험을 파는데 막 한 명 남은 직원을 자르려던 참이다. 짐이 말한다. "우수한 직원이 열두 명만 있었다면……." 아니야, 짐. 두 명 있는 팀도 제대로 운영하지 못하는데 열두 명의 팀은 절대 무리야.

인생은 서서히 발전한다. 변함없이 중요한 질문은 "지금 가진 것으로 무엇을 하고 있는가"이다. 대답이 "딱히 없다"라면 아무것도 나아질 수 없다.

요약하자면

우주는 변명이 아닌 노력을 보상한다.

하나가 다른 하나를 낳는다

세상이 지루하게 느껴질 때면 멋지게 사는 사람들을 보곤 궁금해했다. "저들의 삶은 어쩜 저렇게 달콤할까?" 그러다 그들도 어딘가에서 무언가로 시작했다는 사실을 알게 됐다. 그런 작은 단추가 다른 것으로, 또 다른 것으로 이어져 왔던 것이다.

가끔 우리는 너무도 제한적으로 사는데 그건 실수다. 원하는 일이 아니라는 이유로 일자리를 거절한다. 하지만 당시에 잡을 게 그것뿐이라면 그것이라도 잡아야 한다. 그리고 완벽히 익히고 나서 그게 다른 일로 이어지는 걸 보자. 큰일을 맡을 수 없다면 작은 일부터 시작하는 수밖에 없다. 우선은 뛰어들자.

기업인 존 맥코막은 친구인 닉이 어떻게 미국에서 첫 직장을 구했는지 사람들에게 들려주곤 한다. 닉은 이민자였다. 돈도 없었고 영어도 할 줄 몰랐기 때문에 이탈리안 레스토랑에서 접시 닦기 일을 지원했다. 사장과 면접을 보기 전, 닉은 레스토랑 화장실에 들어가 그곳을 솔로 깨끗하게 닦았다. 그러고는 칫솔을 가져가 얼룩이 하나도 보이지 않을 때까지 타일 구석구석을 청소했다. 면접을 보는 동안 사장은 "화장실에 무슨 일이 있던 거지?"라며 궁금해했다. 닉은 "전 접시 닦는 일에 진심이에요"라는 의사를 행동으로 보여 준 것이다.

닉은 채용되었다. 일주일 후 샐러드 담당이 그만두자 닉에게 요리사가 될 수 있는 길이 열렸다. 사람들이 "일자리가 없어요"라고 말할 때마다 닉과 그의 칫솔이 생각난다.

요약하자면

어디에서라도 시작해라. 눈앞에 있는 일에 최선을 다하면 기회의 문이 열릴 것이다. 경력을 쌓는 과정이다. 다른 말로는 "하나가 다른 하나를 낳는다"고 말할 수 있다.

개구리 법칙

한 마리 개구리와 물 양동이에 관해 자주 언급되는 이야기가 있는데 '퇴보의 법칙'을 설명하는 이야기다.

똑똑하고 행복한 개구리를 뜨거운 물이 가득 찬 양동이에 떨구면 개구리가 무슨 행동을 할까? 뛰쳐나올 것이다. 아마 개구리는 곧바로 결심했으리라. "장난 아니군. 나가야겠어."

그렇다면 같은 혹은 비슷한 개구리를 차가운 물이 가득 찬 양동이에 넣은 다음 양동이를 난로 위에 올려 천천히 가열하

면 어떤 일이 일어날까?

개구리는 안심하다가 몇 분이 지난 후 생각한다. "따뜻한 게 좋구만." 그리고 얼마 지나지 않아 개구리는 익어 버린다.

이 이야기가 주는 교훈은 무엇일까? 인생은 서서히 진행된다. 개구리처럼 속고 있다가는 어느새 너무 늦어 버린다. 무슨 일이 일어나고 있는지 알아야 한다.

질문을 하나 하겠다. 자고 일어나니 몸무게가 이십 킬로그램 쪄 있다면 걱정을 할까? 당연하고말고! 당장 병원에 전화부터 걸고 있을 거다. "긴급 상황입니다. 몸이 이상해요!"

하지만 한 달에 일 킬로그램씩 천천히 찌다 보면 우리는 몸을 그대로 내버려 둘 것이다.

하루에 예산을 십 달러씩 초과하는 건 큰일도 아니다. 그러나 다음 날, 그다음 날에도 계속 그러다 보면 결국 파산하고 만다. 파산하고 몸무게가 늘고 이혼을 하는 건 보통 한순간에 일어나는 재난이 아니다. 오늘은 이만큼, 내일은 저만큼이 모여 어느 날 빵 하고 터져 버린다. 그제야 묻는다. "무슨 일이 일어난 거지?"

인생은 누적된다. 물방울들이 모여 큰 바위를 뚫듯이 하나의 일 위에 다른 일이 겹쳐진다. 개구리 법칙은 그런 경향을 조심하라고 일러 준다.

매일 스스로에게 묻자. "지금 나는 어디로 가고 있지? 작년보다 더 건강하고, 더 행복하고, 더 풍요로운가?" 그게 아니라면 지금 하는 행동을 바꿀 필요가 있다.

무서운 사실을 하나 알려 주자면, 가만히 멈춰 있는 건 아무것도 없다. 얻는 게 없다면 잃고 있는 것이다.

자기 훈련이
인생에 차이를 만든다

하기 싫은 작은 일들부터 훈련하다 보면
어느새 자신이 원했던 큰일을 하며 살 수 있다.

'훈련'은 모두가 좋아하는 단어는 아니다. 인기를 따지고 보면 '하와이'와 '휴지통'의 중간쯤에 해당하는 단어라고 할 수 있다. 그러나 자기 훈련은 커다란 차이를 만든다. 인생은 당장의 즐거움과 느린 보상 사이에서 맞춰진다.

TV를 보는 대신 공부하기와 같이 작은 일을 훈련하다 보면 역량이 잘 쌓여 큰 성과를 볼 수 있다. 일주일에 세 번 체육관 가기와 같은 작은 일은 건강한 삶으로 이어진다. 거하게 술을 마시는 대신 적게나마 이십 달러씩 절약하다 보면 자신만의 아파트를 가지게 된다.

자기 훈련의 핵심은 강철 같은 의지가 아니다. 바로 무언가를 왜 원하는지 그 이유를 아는 것이다. 빚에서 벗어나고 싶은 진짜 이유를 안다면 저축이 쉬워진다. 본인의 역량을 키워야 한다는 확신이 들 때 공부하기가 쉬워진다.

또한 자기 훈련이 된 사람은 다른 곳에서 가르침을 구하지 않아도 된다. 결과적으로 스스로 자신의 삶을 이끌어 나가기에 다른 사람들이 이래라저래라 하지 못한다.

자기 훈련이 되어 있지 않다면 외부에서 훈련을 받아야 한다. 스스로 훈련하지 못하는 사람은 흔히 명령을 들어야 하는 직업을 갖게 된다. 자기 훈련을 전혀 하지 않는 사람은 팔다리가 꽁꽁 묶인 것이나 다름없다.

질서

확장의 첫 번째 법칙은 '질서'다. 무언가가 성장하기 위해서는 시스템이 필요하다.

꽃과 잘린 오렌지 그리고 나무와 벌집의 대칭면을 살펴보자. 거기엔 규칙이 있다. 자연은 본질을 보존하고 쓰레기는 버린다. 그걸 체계라고 부른다.

사업이 번창하길 바란다면 성공할 방법을 준비해 둬야 한다. 삶을 꽃피우려면 어떤 질서가 필요하다.

프레드가 말한다. "내 사무실은 엉망이지만 정돈된 엉망이라고 할 수 있지. 난 사실 매우 효율적으로 움직여." 도대체 무슨 말인가? 그 말을 들으니 프레드가 뇌수술을 위해 수술실에 들어갔는데 의료진이 주삿바늘과 붕대, 낡은 병이 쌓인 곳에 서 있는 게 떠오른다. 그리곤 의사가 말한다. "안심해요, 프레드. 좀 엉망이긴 하지만 모든 건 완벽히 제 통제 아래 있어요."

임무 수행이 필요한 곳엔 언제나 체계가 있다. 소방관은 늘 헬멧을 놓은 자리를 기억하고, 구급대원은 정해진 곳에만 구급차 열쇠를 둔다.

난장판 속에서는 꽃을 피울 수 없다. 파일 수납함을 정리하고 차고를 청소하자.

그러면 깨달을 것이다. '안에서 새는 바가지가 밖에서도 샌다'는 말처럼 우리 주변 환경은 우리의 생각을 보여 준다. 보통 집이 엉망이면 삶 또한 마찬가지다.

노력은 배반하지 않는다

영하 50도에서 꽁꽁 얼린 얼음 조각 하나에 열을 가해 보자. 처음 얼마간은 아무 일도 일어나지 않는다. 아무리 많은 힘을 가해도 결과가 눈에 보이지 않는다. 그러다가 갑자기 0도에 이르면 녹아서 물이 된다.

계속해 보자. 다시 한번 많은 힘을 주지만 여전히 반응이 없다. 그러다가 약 100도에 다다르면 물이 끓기 시작하면서 공기 방울이 생기고 수증기가 나온다.

법칙? 얼음, 프로젝트, 경력 따위에 많은 에너지를 소비해도 아무런 진전이 없어 보일 수 있다. 하지만 보지 못할 뿐이지 이미 변화는 만들어지고 있다. 계속해서 에너지를 넣다 보면 분명히 눈에 보이는 변화가 생길 것이다. 이 법칙을 기억해야 공포나 절망에 빠지지 않는다.

난 인생을 핀볼게임으로 그리길 좋아한다. 매 순간 나는 노력한다. 책상을 치우고, 책을 쓰고, 친구를 돕고, 그림 그리기를 연습하고, 청구서를 지불하고, 도전하고 실패한다. 그때마다 나는 득점을 올리는 것이다. 내가 하는 모든 노력이 내 '보편적인 신용'에 쌓인다. 다음번 보상을 타기 위해 얼마나 많이 득점해야 할지 모르지만 이 노력들은 즉각적인 결과를 바라기보단 과정을 즐기는 데 도움이 된다. 게다가 가장 기대하고 있지 않을 때, '빙고'가 터진다. 새로운 기회, 초대장, 수표가 날아온다.

파도

삶은 파도처럼 일어난다. 음파, 전파, 뇌파, 전자파 외에 비과학적인 용어로서 파도는 모든 일이 무더기로 오는 경향을 의미한다.

가족 문제나 청첩장, 자동차 수리 역시 한꺼번에 밀어닥친다. 이것을 마음에 새겨 두어야 한다. 이번 달을 청구서 없이 보낸다면 "다음 달을 대비해 좀 저축해야겠어"라고 말하자. 그래야 다음번에 밀려올 파도에 쓸릴 때 '파도가 올 줄 알았어. 곧 지나겠지'라고 생각할 수 있다.

유연하게 적응하라

우리가 살고 있는 세상은 매일 변한다. 계절이 오고 가고, 조류가 왔다 가고, 물가가 오르내리고, 사람들은 취직하거나 해고당한다. 이를 통해 우리가 우주의 근본 법칙이 '변화'임을 배웠을까? 아니, 오히려 화만 났지.

고등학교 생물 시간에 적자생존의 법칙, 즉 변화에 적응하기를 배운다. 예를 들어, 갈색 들판에 있는 초록색 벌레는 몸 색깔을 바꾸지 않으면 큰 곤경에 처한다. 초록 벌레는 "예전처럼 들판이 초록색이어야 하잖아요!"라고 항변해 본다. 하지만 초록벌레는 한 마리도 남김없이 사라지고 만다. '적응하지 못하면 사라진다'는 잔혹한 법칙이다. 왜 더 많은 생물 선생님들이 "받아 적으렴. '적응해야 한다'는 인생의 교훈이란다"라고 말하지 않았을까. 안타깝다.

기업의 세계도 변한다. 때로는 전문가들조차 틀리게 전망한다.

1927년, 워너 브라더스 픽처스의 해리 워너는 말했다. "배우들이 말하는 걸 누가 보고 싶어 하겠어."

1943년, IBM의 회장인 토마스 왓슨이 말했다. "전 세계를 통틀어 컴퓨터를 사고 싶은 사람은 다섯 명밖에 없을 거야."

1977년, 디지털 설비 회사의 회장인 켄 올슨이 말했다. "개인이 집에 컴퓨터를 갖춰 둬야 할 이유가 전혀 없다."

오늘 사실이라고 해서 내일도 사실이라고 말할 수 없다. 오늘 잘된다고 해서 내일도 잘되지 않는다. 유일하게 변하지 않는 건 변한다는 사실뿐이다. 3개월 동안 집을 떠나 있다 돌아오면 자식들은 어느새 다 커 있을 테다. 아기였던 자식이 "아빠" 하고 부르는 게 현실이다. 공평한지 아닌지의 문제가 아니다. 모든 건 움직일 따름이다.

요약하자면

행복한 사람들은 변화를 그냥 받아들이는 게 아니라 전적으로 수용한다. 그들은 말한다. "지난 5년과 앞으로 5년이 같을 이유가 뭐가 있겠어?"

3장

우리는
믿는 대로
살게 된다

세상에 대한 뿌리 깊은 믿음을 바꾸면
삶도 따라서 달라진다.

MATTHEWS

믿는 대로 된다

항상 믿는 대로 이루어진다.
믿음이 상상을 현실로 만든다.
-프랭크 라이트

사람들은 종종 본인의 한계를 호소한다. 흔히들 "내가 그런 걸 어떻게 해"라며 변명하지만 사실 "나는 내가 나라고 믿는 사람"이다.

물고기를 관찰해 보면 우리의 믿음을 알게 된다. 다음은 우즈 홀 해양 연구소에서 진행된 실험이다.

수조를 하나 구해 투명한 유리를 수조 중간에 넣어 두 개의 수족관을 만들자. 이제 베리라고 이름 부를 바라쿠다 한 마리와 숭어 한 마리를 구하자. (바라쿠다는 숭어를 먹는다.) 양쪽에 한 마리씩 넣는다. 그러자 베리가 쏜살같이 숭어를 향해 튀어 나가다가 '쾅' 하고 전속력으로 유리벽을 박는다. 그리고 다시 돌아서 또 한 번 '쾅'!

몇 주일이 지나자 베리는 코가 매우 시큰거린다. 드디어 베리는 숭어를 쫓는 일이 고통이라는 걸 깨닫고 숭어 사냥을 멈춘다. 이제 유리를 치우면 어떻게 될까? 베리는 평생 본인이 머물렀던 구역에서만 지낼 것이다. 숭어가 바로 제 눈앞에서 헤엄치고 있는데도 기꺼이 굶어 죽는다. 한계를 깨달은 베리는 거기서 헤어 나오려 하지 않는다.

베리의 이야기가 안타깝게 느껴지는가? 사실 이건 우리 이야기이다. 우리는 투명 유리에 달려들지 않는다. 우리는 우리가 어디에 맞는지 무엇을 할 수 있는지를 알려 줄 선생님, 부

"당신은 항상 당신이 옳다고 말하죠? 그게 당신의 틀린 점이에요!"

모님, 친구들에게 달려간다. 가장 최악은 우리가 믿음 속에 빠질 때이다. 믿음에 근거하여 경계선을 긋고, 그걸 지키겠다며 자신의 영역 밖으로 나가려 하지 않는다.

바라쿠다는 말한다. "한번 최선을 다해 봤으면 됐어. 이젠 빙빙 헤엄만 칠래." 우리가 말한다. "공부, 결혼, 일에 최선을 다해 봤으니 이젠 그만……."

스스로 유리 새장을 만들고 그걸 현실이라고 인정해 버린다. 하지만 그건 단지 믿음에 불과하다. 사람들이 얼마나 무언가를 맹목적으로 믿는지 궁금하다면 저녁 파티에서 종교나 정치 얘기를 꺼내 봐라.

하지만 내가 맞다니까요!

웃기지 않은가. 우리는 세상을 각자 조금씩 다르게 믿으면서 모두 자신이 믿는 것이 맞다고 생각한다.

왜냐고? 자신이 옳다 생각하니까! 프레드는 인생은 고난이며, 살아남기 위해서는 일주일에 70시간을 일해야 한다고 믿는다. 그는 신문에 난 구인 광고를 살펴보다가 옆 마을에서 사람을 구하는 광고를 보게 된다. "유연한 근무 시간, 신나는 여행 기회, 회사 자동차 제공, 최고 임금." 그가 말한다. "진짜라기엔 너무 조건이 좋아. 뭔가 함정이 있겠지!" 그는 계속 찾아보다가 이윽고 두 시간이나 가야 하는 일자리를 발견한다. "차량 제공 없음, 긴 근무 시간, 낮은 보수." 프레드가 말한다. "살펴볼 가치가 있군."

그가 면접에 가자 면접관이 말한다. "우리 회사 물건은 형편없고, 고객들은 우릴 싫어한다네. 사장은 사기꾼이고. 만약 여기서 일하고 싶다면 미친 게 틀림없어." 프레드가 답한다. "언제부터 시작하면 될까요?"

그는 기어코 자신의 인생론이 옳다 증명해 냈다. 처량한 신세일지라도 적어도 '인생은 처량하다'는 자신의 생각이 맞았다면서 행복해한다.

우리는 자라면서 선생님, 부모님, 친구가 하는 말을 들어왔다. "넌 수학은 영 꽝이고 노래 실력은 처참하고 그림도 못 그려." 그들은 말한다. "산다는 건 고난이야. 늘 파산 상태를 면치 못할 거고 정부를 탓하겠지. 그게 인생이야. 어디 가서 살아 봐." 그럼 우리는 인생이 마치 공연인 것처럼 각본대로 연기를 펼친다. 설령 그게 우리의 삶을 망칠지라도.

만일 프레드에게 그가 40년 동안 품어 왔던 믿음을 놔주라고 충고한다면 아마 그는 무척 화를 내리라. "여태껏 내 신세가 처량하다고 믿으면서 살아온 지 40년이 됐는데, 이 믿음을 다 버리고 내 손으로 지금의 처지를 만들었단 걸 인정하라고?"

대다수의 사람은 행복보다는 자신의 믿음을 택한다.

내 스토리는?

우리에게는 저마다 '스토리'가 있다. "나는 학교 선생님이에요.""나는 할머니예요.""나는 신세대죠." 우리는 스스로를 규정짓는다. '스토리'는 마치 양쪽 귀에 매달린 소프트웨어 프로그램처럼 삶을 조종한다. 또한 '스토리'는 우리의 신상명세서이다. 우리는 그걸 가지고 회사에 가고 휴가도 간다. 또, 파티에서 그것을 보여 주기도 한다. "나는 이혼했어요.""학대받고 자랐어요.""영적 수양 중입니다." 우리는 스토리에 맞는 삶을 살고자 노력한다. 스토리에 맞추어 옷과 자동차를 사고, 친구들을 택한다.

짐은 의사다. 그가 말한다. "나는 의사로서 행동하고 의사처럼 말해야 해. 의사가 살 법한 동네에 살아야 하고 의사가 가질 법한 취미를 가져야 해." 짐은 자신의 역할을 너무도 잘 안 대가로 불쌍하게도 무척 따분한 삶을 살게 됐다.

'스토리'에 맞춰 살다가는 처량해진다. "나는 학교선생님이에요"라는 스토리를 가진 사람이 직장을 잃게 되면 더 이상 내가 누구인지 알 수 없게 된다. "나는 완벽한 안주인이에요"라고 말하는 건 불행을 자초하는 일이다. 이웃이 저녁을 먹으러 왔을 때 전부 타 버린 당근을 대접해야 한다면 절망에 빠질 테니까.

중대한 사실을 고지하겠다. 우리는 스토리에 얽매이지 않아도 된다. 어차피 아무도 신경 쓰지 않는다. 우리는 상자나 틀에 박힌 존재가 아니다. 일련의 경험을 해 나가는 인간이다. 스토리에 질질 끌려다니는 걸 멈추고 나면 더 이상 정해진 역할을 찾으려고 두리번거리지 않아도 된다.

이 글을 쓰면서 스웨덴 친구인 아나와 페르에릭이 떠올랐다. 70대 후반 혹은 80대 초반이지만 그들은 여전히 세계를 여행한다. 페르에릭은 손자의 롤러브레이드를 타고 인터넷 서핑을 한다. 아나는 새벽 4시까지 춤추기를 좋아한다. 그들에게는 '스토리'가 없는 대신 자유가 있을 뿐이다.

다음과 같은 이야기를 들어 본 적 있는가?

"나는 매우 중요한 인물이니까 사람들은 날 그만큼 대접해 줘야 해." 어떤 사람들은 자신의 부유함과 수많은 학위에 대해 존중을 받아야 한다고 주장한다. 하지만 사람들에게 중요하게 보이기를 바라다 보니 괴로워진다. 자신의 행복이 다른 이의 손에 달려 있기 때문이다. '중요한 인물'이 되고자 하는 마음은 버리자. 스트레스만 유발한다. '중요한' 사람이 될 필요가 없는 순간 우리는 편해질 수 있다. 다른 사람이 주는 인정을 갈구하지 않을수록 더 인정받는다.

"나는 절대 그런 일을 할 사람이 아니다……."(퍼스트 클래스를 타고 여행하기, 알몸수영하기, 영화관 가기, 저녁 식사에 정장을 차려입기, 회 먹기) 우리는 말할 때 '나는 절대'나 '나는 언제나'를 붙여 스스로를 상자 속에 가두어 놓지만 이 또한 결국 우리가 말하는 스토리에 불과하다. 다른 예로 "나는 매우 예민해서 쉽게 짜증 내요"나, "난 진짜 사나이지"라거나, "난 사수자리라서 꼭……." 등이 있다.

"나는 이 일을 하기엔 너무 늙었어요"라고? 우리 엄마는 65세에 처음으로 책을 쓰기 시작하셨다. 66세에 돌아가셨기 때문에 완성시키지는 못하셨지만 그녀는 시작한 것만으로 행복해하셨다. 죽는 순간까지 배우고 자신이 하는 일을 사랑해야지만 나아갈 수 있다. 책을 반밖에 못 썼다거나 집이나 사업을 반만 완성했다고 해서 버스에 치이는 순간 후회하며 죽을 리 없다.

요약하자면
스스로에게 물어보자. "스토리가 없다면 무엇을 하겠는가?"

어떤 믿음을 버려야 할까?

우리를 가난하게 하고 비참하게 만드는 모든 믿음을 버려야 한다! 도움이 되지 않는다면 지워 버려라. 믿음이 틀렸다는 게 아니라 그것이 고통을 주기 때문이다. 우선 '해야 한다'는 단어가 들어간 믿음은 경계하자.

· 사람들은 호의를 돌려줘야 한다.
· 사람들이 나를 칭찬해야 한다. 내가 일을 잘하는 걸 남편이 알아줘야 한다.
· 사람들은 사랑을 돌려줘야 한다.
· 사람들은 좀 더 사려 깊어야 한다.
· 사람들은 감사할 줄 알아야 한다.

이러한 '해야 한다' 목록은 합리적인 기대의 집합처럼 보인다. 그런데 만약 우리에게 어떤 믿음도 없다면 어떨까? 사람들이 동조하지 않고, 호의를 돌려주지 않고, 잘한 일을 알아주지 않고, 사랑을 돌려주지 않아도 된다면 우리 삶이 어떻게 변할까? 그렇다고 해서 덜 존중받거나 덜 인정받지는 않는다. 사람들이 이런 일들을 하지 않아도 우리는 여전히 즐거울 수 있다.

현실은 '해야 한다'와 관계없이 움직이기 때문에 '해야 한다'는 믿음은 별로 도움이 되지 않는다. 현실은 그런 믿음과는 상관없이 흘러간다. 그렇다고 현실을 비난해 봤자 언제나 현실이 이긴다.

믿음이 삶의 질을 결정한다

예를 들어, 아버지는 자식을 칭찬하고 선물도 많이 줘야 한다고 믿는다고 하자. 그런데 나의 아버지가 칭찬도, 선물도 주지 않는다면 화가 나기 시작한다. 이윽고 아버지를 바꾸고 싶어진다. 이때 사람들은 자신의 믿음을 바꾸는 건 떠올리지 못한다.

당신은 말한다. "하지만 모든 사람들이 다 그렇게 믿는 것 아닌가요?"

아니다! 누군가는 그렇게 믿지 않고 그로 인해 더 행복하다. 그들은 다른 사람들이 특정한 방식으로 행동하기를 기대하지 않는다. 하여 마음이 더 평온하다.

세상일을 다르게 바라보기 위해서는 의지력이나 자신감, 또는 뇌수술이 필요하지 않다. 단지 용기를 가지고 익숙하지 않은 방식으로 생각해 보면 된다. 다음번에 화나는 일이 생긴다면 내가 화가 나는 건 내 믿음 때문이라는 것을 기억하자. 어떤 생각이 우리를 고통스럽게 할지라도 그건 생각일 뿐이다. 그리고 우리는 그 생각을 바꿀 수 있다.

내 직업이 문제라고요!

우리가 우리의 직업을 탓할 때 대개 문제는 우리 자신에게 있다. 일이 짜증 난다고 치자. 더군다나 나는 공교롭게도 '일은 지루하다'라는 믿음을 가진다. 그런 상황에서 내가 흥미로운 일자리에 지원한다면 어떤 일이 일어날까? 두 가지 경우가 있다. 하나는 그들이 나를 재미없게 보고 채용하지 않는 경우다. 다른 하나는 그 일을 한다고 해도 내가 일을 지루하게 만들어 버리는 경우이다.

반대로 내가 '일은 재밌다'라고 믿는다고 해 보자. 그런 상황에서 지루하기 짝이 없는 일을 하게 된다면 언젠가 이렇게 말할 날이 올 거다. "이 일은 내 사기를 꺾고 내 믿음과 전혀 달라. 하루도 더는 여기에 있을 수 없어." 가장 기본적인 믿음이 더 좋은 일을 찾지 않을 수 없게끔 만든다.

　이러한 차이를 만드는 건 직업이 아니라 우리 자신의 믿음이다.

돈을 불러오는 금전 철학

충분히 벌지 못해요!

메리가 말한다. "당신은 몰라요. 믿음이 문제가 아니라 내 직장이 문제예요. 회사 월급은 충분하지 않다고요." 음, 메리. 왜 거기서 일하죠? "내가 할 수 있는 전부니까요."(그래요, 메리. 그렇게 믿고 있다면야.) 믿음을 바꿔 봐요. 새로운 직장을 구하거나 부수적인 돈벌이를 시작해 봐요. 재무상황을 조정하고 더 많은 기술을 배워서 승진을 노리는 건 어때요?

메리가 말한다. "하지만 시기가 안 좋은걸요. 신문에서 그랬어요." 메리, 당신이 그렇게 믿는 것뿐이에요. 신문을 믿지 않아도 된다면 어떨까요?

이웃이나 신문이 무슨 소리를 하건 스스로 기준을 세우고 따르다 보면 성공할 수 있다.

월급이 정해져 있는걸요

월급을 받건 안 받건 믿음이 성공을 만든다. 같은 회사에 다니고 같은 월급을 받는 8명의 사람들이 있다. 어떤 이는 자산을 만들고 잘 사는 한편, 다른 사람들은 고작 샌드위치를 사 먹을 때도 은행에서 돈을 빌려야 한다. 차이점은 그들이 버는 돈이 아니라 돈에 관한 믿음에 있다.

내게 필요한 만큼의 돈이 없거나 돈을 잃고 있다면 거기엔 이유가 있다. 그 이유는 외부가 아니라 내부에 있다.

복권 당첨자들은 믿음이 어떻게 성공을 좌우하는지 보여주는 확실한 증거다. 우리는 돈이 많은 문제를 해결해 줄 거라고 생각한다. 하지만 많은 복권 당첨자들이 뜻밖의 횡재가 있은 지 2년 후 이전보다 더 많은 빚더미에 올라앉고는 한다. 왜일까? "나는 언제나 파산 상태야"라고 말하는 믿음이 백만 달러를 순식간에 압도하기 때문이다.

호주 브리즈번에 있을 때 TV에서 복권에 두 번이나 당첨

된 사람을 봤다. 그가 인터뷰에서 말했다. "당장 보조금에 기대어 사는지라 130만 달러를 요긴하게 쓰겠습니다." 그는 무려 2년 전에 첫 번째 복권에 당첨됐었다.

통장 잔고는 언제나 믿음과 일치한다. 우리가 그리는 이미지가 통장 잔고와 맞지 않는다면 통장 잔고를 고치는 편이 쉽다. 다시 말하지만 우리의 삶을 변화시키는 건 외부적인 요인이 아니라 우리의 생각이다.

파산 상태의 장점

자신이 왜 빈털터리인지 의아해하는 사람들은 결코 이 질문은 하지 않는다. "파산 상태라서 좋은 점이 뭘까?" 빈털터리여서 이득인 점들도 있다.

- "신을 느낄 수 있어요. 가난한 자에게 복이 있나니…… 신은 날 사랑하시죠."
- "무리에 소속되어 있어요. 가난하다면 친구들에게 죄책감을 느낄 필요가 없죠."
- "동정을 받을 거예요."
- "자신을 훈련할 필요가 없다."
- "습관을 바꾸지 않아도 된다."
- "다른 사람들과 정부를 욕할 수 있다." (그 무엇보다 좋은 점이다.)

사람들이 솔직했다면 스스로가 빈털터리에 어울린다고 인정할지도 모른다. 그러나 대부분은 가난을 직접 선택했다고 시인하지 않는다. 하지만 제법 그럴듯한 장점 목록처럼 보이지 않는가! 가난을 포함한 모든 일은 인과응보다.

부모님의 금전 철학

부모님께서 종종 이렇게 말씀하시는가.

· "돈은 벌기 쉽다."
· "우리는 언제나 금전적으로 여유롭다."
· "쓴 만큼 더 들어온다."

아니면 이렇게 말씀하시는가.

· "돈은 악의 근원이다."
· "우리는 그럴 여유가 없어."
· "나무에서 돈이 열리는 줄 알아?"

후자의 말이 더 익숙하게 들린다면 부모님의 금전 감각을 물려받고 현실에서 그들과 같은 고난을 떠안고 있을 것이다.

돈을 편안하게 생각해라!

대부분의 사람들은 섹스보다 돈에 대해 더 부끄러워한다.

어떤 사람들에게 돈을 주기란 정말로 어렵다. 그들은 펄쩍 뛴다! "아냐, 정말 됐어. 필요 없어." 빵과 물만 먹고 산다고 알고 있어서 돈을 건넨 건데도 그들은 돌변하면서 당황하고 수치스러워한다. "돈은 필요 없어. 괜찮아."

어떤 사람들은 돈에 대해 말하는 것조차 힘들어한다. 일주일 치 급여를 친구한테 빌려줘 놓고선 필요할 때 돌려 달라고 말하지 못한다. "음, 있잖아…… 기억하니…… 음, 중요한 건 아닌데…… 내가 필요하다는 게 아니라…… 상관은 없지만 혹시…… 어떻게 말해야 되지…… 그냥 궁금해서 물어보는 건데…….” 깔끔하게 물어볼 수 있는데도 말이다. “내 돈 돌려줄래?”

직장이나 인간관계가 불편해지면 머지않아 떠나기 마련이다. 돈이 불편하게 느껴져서 돈에 대해 말하는 것조차 떨리고 잘 받아들일 수 없다면 돈 역시 떠나갈 것이다. 이건 의식적으로 이루어지는 일이 아니라 무의식적으로 일어난다. 우리는 서툰 일을 회피하기 마련이다.

요약하자면
인생에서 뭔가를 쟁취하고 지켜 내려면 그게 편안하게 느껴져야 한다. 돈을 벌고 지키기 위해선 돈과 친해져라!

내가 많이 가지면 다른 사람들이 가질 게 없다

가장 어리석은 생각이다. 많은 이들이 자라면서 이렇게 믿어 왔다. “내가 부자가 되면 다른 사람들은 고통받겠지.” 누가 그런 생각을 퍼뜨리는 줄 아는가? 바로 가지지 못한 자들이다.

산타클로스가 응접실에 들어와서 탁자에 백만 달러를 놓

고 간다면 돈이 계속 거기에 남아 있을까? 천만에! 베개 밑에 숨겨 놓지 않는 이상 자동차 딜러가, 여행사 직원이, 지역 음식점에서, 꽃집에서, 부티크에서, 어쩌면 세무서 직원까지도 조금씩 가져갈 것이다. 그런데 왜 우리는 부유해지면 다른 사람들을 착취하게 되므로 나쁘다고 믿는 걸까. 헛소리다!

부자가 되면 다른 사람들을 해하지 않는다. 오히려 그들을 도와줄 수 있다.

호사를 누려라

삶은 웃긴 녀석이다. 최고를 고집하면 최고를 갖게 된다.

-W. 서머싯 몸

세상이 날 대접하길 바란다면 스스로를 잘 대접해라. 구
멍 난 속옷을 입고 어떻게 거물이라고 느끼겠는가? 프레드
가 말한다. "팬티에 구멍이 나도 괜찮아. 아무도 보지 못할 테
니까." 하지만 말이야, 프레드. 자네가 알고 자네 몸이 느끼고
있잖는가. 자신을 특별한 존재로 만들 수 있는 유일한 사람이
바로 자네야. 자네에게 자긍심이 없다면 아무도 자네를 자랑
스러워하지 않아.

우리가 사는 집 또한 우리의 기분에 영향을 준다. 문을 열
고 들어서자마자 기분이 좋아지는 공간을 만들어라. 스스로
의 색깔로 집을 꾸미자. 집주인과 상의해서 재료를 공급받아

페인트칠을 하자.

정리 정돈하는 일엔 일절 돈이 들지 않는다. 지저분한 저택에 살기보단 차라리 원룸에 사는 게 낫다. 한 여성이 아내인 줄리에게 물었다. "20달러로 살 만한 집 꾸미기 재료에는 뭐가 있을까요?" 줄리가 대답했다. "빗자루를 사세요."

가진 것을 즐기자

많은 사람들이 흠집이 많은 낡은 플라스틱 그릇에 사과와 바나나를 진열한다. 그동안 예쁜 그릇들은 찬장 안에서 썩어 가고 있다. 우리가 죽어서 온갖 크리스털을 아이들에게 물려 줘 봤자 왕창 깨트리기밖에 더 할까. 내가 하고 싶은 말은 예쁜 걸 가지고 있다면 직접 깨트리라는 거다.

내가 아는 어떤 남자는 최신 볼보차를 사더니 되팔 때 가치를 보존하기 위해서라며 낡은 침대보로 시트 커버를 만들었다. 아주 실용적이지만 아마 차를 탈 때마다 세탁물 바구니에 탄 기분일 거다.

아내는 나에게 많은 걸 알려 주었다. 그녀의 철학은 "자신을 꾸미고, 영양을 공급하고, 깨끗하게 집을 치운다면 축복받은 기분이 든다"는 거였다. 그녀의 말을 인용하자면 다음과 같다. "모든 건 서로 영향을 줘요. 우리의 걸음걸이가 말하는 법에 영향을 주고, 우리가 옷을 입는 방법이 우리가 느끼

는 방식에 영향을 주죠. 스스로
를 돌보면 다른 이들도 보살피
게 된답니다." 내가 알기로 줄리
는 파자마에 어깨뽕을 넣는 유일한
사람이다. 게다가 그 파자마는 실크로 만들어졌다.

조금 호사를 누려도 된다. 사람들은 말한다. "잘 지내는 일
이 인생의 목표를 달성하는 일과 무슨 상관이 있죠?" 모든 일
에 상관이 있다. 풍족은 풍족을 불러온다.

프레드가 말한다. "성공하고 나면 쥐새끼처럼 사는 삶은 끝
이야." 틀렸다. 성공하려면 성공한 것처럼 살아야 하고 지금 성
공을 느끼고 있어야 한다.

요약하자면

풍족함은 반드시 돈과 관련된 문제가 아니다. 생활 방식의 문제이다.

우리가 보는 방식이 문제다

전설에 따르면 중세의 연금술사들은 철을 금으로 바꿀 수 있는 자들이었다. (그럴 수 있다면야 좋겠지.) 어떤 의미에서 우리는 모두 연금술사가 되어서 겉모습을 꿰뚫어 볼 줄 알아야 한다. 우리는 매일같이 불행해 보이는 사건들—예를 들어 비행기 연착, 교통사고, 이혼, 무례한 종업원을 만난 일—을 행운으로 바꾸기 위해 노력해야 한다.

그렇다고 해서 다리가 부러지라고 고사를 지내야 할까? 아니다. 하지만 만일 다리가 부러진다고 해도 '시련' 속에서 기회를 포착할 수 있다는 뜻이다.

"어떤 좋은 점을 가져다줄까?"라고 묻는 건 몇 가지 측면

에서 도움이 된다.

- 삶이 주는 것에 더 감사함을 느낀다.
- 더 평온해진다.
- 인생이란 버스에 탔으니 밀고 가지 않아도 된다.

냉소적인 자들은 말한다. "순진하기도 해라. 난 낙천주의자
가 될 생각은 없어." 그렇지 않다. 예기치 않은 일에 두려움으
로 전전긍긍하길 멈춘다면 균형 잡힌 시각을 갖게 되고 힘 있

는 자리에 오를 수도 있다.

삶을 재난이라고 믿는 한 계속해서 재난이 펼쳐진다

근래에 이혼하고 삶이 망했다고 생각한다고 하자. 그렇다고 믿는 한 그렇게 될 것이다. 50세에 해고를 당하고 전성기는 끝났다고 믿는다고 해 보자. 그렇다고 믿는 한 그렇게 될 것이다.

태도가 부정적이라면 인생을 개선하고자 노력하지 않을 것이다. 내 말은 머릿속이 재난으로 가득 차 있다면, 더 많은 재난들을 불러들이게 될 거라는 이야기다. 연인이 너를 배신하고, 상관이 너를 헐뜯고, 사고가 찾아오고, 집주인에게 쫓겨나며 점점 내리막길을 걷게 되리라. 세상일은 우리가 기대하는 대로 전개된다.

상황에 대한 믿음을 바꾸는 순간 달라진 생각이 새로운 사람들과 새로운 기회를 불러올 것이다.

요약하자면
삶에 등장하는 모든 '시련'은 시련이라기보단 우리의 마음가짐을 바꾸도록 만들어진 상황이다. 사람들은 묻는다. "질병과 고지서, 주정뱅이 남편한테도 해당되는 말일까요?" 당연하고말고.

모름지기 인생은 즐거워!

한 여자가 말했다. "평생 내가 원하는 일을 해 본 적이 없어요." 마치 "나는 희생만 했어요. 나는 순교자예요"라는 말 같았다. 나는 생각했다. '불쌍하기도 해라.'

삶은 즐거워야 마땅하다. 새들은 매일 아침 노래하며 깨어난다. 아기들은 아무 이유 없이 깔깔댄다. 돌고래를 볼까? 서핑하는 강아지를 보자. 누가 인생이 지루하다고 했지? 우리가 사는 이 우주는 재미난 곳이다. 만일 인생이 즐겁지 않다는 생각을 물려받았다면 다시 생각해 봐라. 그건 버려도 되는 믿음에 불과하다.

오직 재미를 위해 시간 내어 무언가를 해 봐라. 몸이 부서져라 일하는 건 "생은 투쟁이다"라는 생각만 굳힌다. 인내심을 갖자. 인생을 즐기는 일에도 연습이 필요하다. 인생이 달콤해도 어디선가 작은 목소리로 속삭인다. "오래가지 않을걸." 그러면 자신에게 말하자. "글쎄, 점점 좋아지는걸."

4장

사람이든 돈이든 무언가에
집착하는 순간,
그것이 우리를 옭아맬 것이다

인생의 중요한 덕목은
모든 것에 감사하고
아무것도 집착하지 않는 것이다.

집착하면 도망간다

노력에도 경지가 존재한다.
노래를 한다면 돈을 바라지 말고,
사랑을 한다면 절대 꺾이지 않을 것처럼,
춤을 춘다면 아무도 지켜보지 않는 듯이,
성공하고 싶다면 마음에서 우러나서 해라.
-《Come from the Heart》 중에서[1]

우리가 붙잡으려 하는 대상은 항상 도망치려고 한다. 사냥감, 연인, 심지어 돈도 마찬가지다. 파티에서 만나 연락처를 주고받은 사람이 "다음 주에 전화할게요"라고 말한다. 그래서 일주일간 화장실도 가지 않는다. 전화기 옆에 앉아서 이제나저제나 하고 기다린다. 누가 전화를 하던가? 그 사람 빼고 모두에게 전화가 올걸.

자동차나 집 같은 걸 절실하게 팔려고 한 적이 있는가? 누가 원하던가? 아무도! 그래서 가격을 내린다. 누가 상관이나 하던가? 아무도! 절실하면 응답이 없다.

리어 제트기를 팔건 세탁 세제를 팔건 영업 사원이라면 같은 이야기를 해 준다. 절박함은 우리를 내리막길로 인도한다. 우리가 더 많이 걱정할수록 사람들은 더 사지 않는다. 음식점에서 급하게 식사를 시키면 어떤 일이 일어날까? 주문을 까먹는다.

공항에서 집착의 법칙을 배운다. 나는 작가로서 세계 곳곳을 방문했었다. 줄리는 자신의 사업을 돌봐야 하기 때문에 보통 육 주에서 길게는 네 달에 걸친 여정을 혼자 보냈다.

그러다 보니 알게 된 사실이 하나 있는데, 바로 내가 타는 구십구 개의 비행기는 거의 제시간에 온다는 거다. 다만 집으로 가는 한 개의 비행기는 언제나 4시간 연착이었다. 아내가 너무도 보고 싶어서 손꼽아 기다렸는데도……

북아메리카 북투어를 마지막으로 우리 부부는 샌프란시스코에서 만나기로 했다. 내가 여태 포틀랜드에 있는 통에 줄리는 벌써 호주를 떠나 샌프란시스코에 도착했다. 지연에 익숙해진 터라 수속 카운터에 가서 물었다. "샌프란시스코에 가는 여섯 시 비행기는 얼마나 늦을까요?" 카운터 직원이 말했다. "안 늦을 거예요."

"안 늦는다고요?" 나는 희열을 느꼈다. 카운터를 넘어가 그를 껴안으려던 참에 그가 덧붙였다. "왜 안 늦냐면요. 취소됐거든요." 밤 10시 30분에 나는 산 호세에 가는 비행기에 올라탔고, 거기서 샌프란시스코로 가는 버스를 잡아타 새벽 4시에 줄리가 있는 호텔에 도착했다. 7시간이나 더 걸렸다.

거래나 해프닝 따위에 감정적으로 연결된 상태에서 절실하게 바라면, 우리 자신이 가로막는다. 동전의 이면이라고 할까? 좀 가라앉히고 기다리면 때가 온다.

일 년 반을 연인 없이 지내다 보니 절박한 마음이 든다. 하지만 그러다 이성이라곤 코빼기도 보이지 않게 되면 이내 포기하며 되뇐다. "꼭 애인이 필요하지 않아. 혼자서도 즐겁다고." 그런데 꼭 그러고 나면 갑자기 이성 친구들이 마른하늘에 소나기인 양 우수수 쏟아진다.

전형적인 예로 말다툼을 들 수 있다. 누군가가 마음을 바꾸길 바랄 때 어떤 일이 일어나는가? 그들이 바꾸던가? 결단코 그럴 리 없다. 하지만 밀어붙이지 않으면 종종 그들이 내 생각대로 돌아서기도 한다.

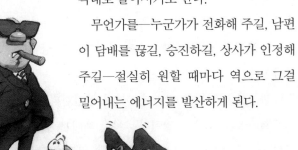

무언가를—누군가가 전화해 주길, 남편이 담배를 끊길, 승진하길, 상사가 인정해 주길—절실히 원할 때마다 역으로 그걸 밀어내는 에너지를 발산하게 된다.

초연함 대 무관심

초연함은 무관심이 아니다. 초연하면서 동시에 단호할 수 있다. 초연하면서 단호한 사람들은 자신의 노력과 능력이 결국에는 보상받는단 걸 알고 있다. 그들은 말한다. "이번에 이기지 못했다면 다음번에 이기면 될 일이야. 그 다음번도 있고."

당신이 헤이와이어 하드웨어사에 입사 지원서를 낸다고 해 보자. 설레는 마음으로 공들여 면접을 준비한다. 면접에서 말할 내용을 적어 화장실 거울 앞에서 연습하고, 새 신발을 사고 머리도 잘랐다. 면접장에 일찍 도착해서 최선을 다해 임한다.

다음은 뭘까? 집에 와서 삶을 계속 살면 된다. 보충 수업을 등록하고 다음 입사 지원서를 준비한다. 헤이와이어사에 고용된다면 만족스럽겠지만 그렇지 못한다 해도 앞으로 전진할 따름이다.

무관심한 사람들은 말한다. "누가 상관한다고 힘들게 그래?" 절박한 사람들은 말한다. "이걸 해내지 못한다면 죽어버릴 거야." 초연하면서 단호한 사람은 말한다. "어쨌든 좋은 직장을 구할 거야. 얼마나 오래 걸리든 상관없어."

돈에 대한 집착

부자보다 돈을 많이 생각하는 사람들은 거지이다.

-오스카 와일드

불교에서 말하는 '탐욕', 즉 집착은 왜 많은 사람들이 돈을 벌려고 전전긍긍하는지를 설명해 준다. 우리가 돈에 집착하는 이유는 돈이 생존 수단이자 성공의 지표이기 때문이다. 그건 돈이 필요 없다고 주장하는 사람들에게도 똑같이 적용된다. 그런데 불행히도 우리가 절박할수록 모든 걸 망쳐 버리기 십상이다.

달리 말하자면, 무언가에 연연할수록 지배력을 상실한다. 대개 사람들은 돈에 매우 사로잡혀서 속수무책이 되고 만다.

부자들이 더 부자가 되는 가장 큰 이유는 초연함이다. 그들은 별로 신경 쓰지 않는다. 한마디로 절박하지 않다. 부자가 아니라면 언젠가는 돈이 생기리라고 믿고 느긋해져야 한다. 그리고 돈이 생겼을 때에 거의 다 써 버려도 괜찮다는 마음가짐을 가져야 한다. 왜냐하면 더 벌 수 있기 때문이다. 부자와 거지의 입장 차는 명백하다. 전자에겐 돈을 벌 거란 믿음이 있고 후자에겐 벌었으면 하면 바람이 있다.

절박한 상황에서 절박하지 않으려면?

특별히 할 수 있는 건 없다. 마음가짐을 바꿔라. "행복하기 위해 ……가 필요해요"라는 말이 주는 함정에 유의하자.

세상만사에, 즉 컴퓨터를 팔고 전화를 기다리고 승진을 원하고 골프 퍼팅을 시도하고 수표를 확인하고 남편감을 구한다면 느긋해질 필요가 있다. 일이 성사되도록 할 수 있는 최선을 다하고 난 다음에는 "이게 아니라도 행복할 수 있다"고 말하자. 잊고 전진하다 보면 대개는 좋은 결과가 찾아올 것이다.

요약하자면

우리의 정신과 육체는 자연법칙을 따른다. 자연은 절박함을 이해하지 못한다. 한편 자연은 조화를 추구하는데 우리는 절박하면서 동시에 조화로울 수 없다. 삶을 끝없는 투쟁으로 만들지 않아도 된다. 흘러가는 대로 두자. 무관심하라는 말이 아니라 강요해선 안 된다는 뜻이다.

"도대체 어떻게 돌아가는지 모르겠어"라고 말할지도 모른다. 우리가 중력의 법칙을 이해할 필요는 없다. 그러니 이해하려고 하지 말고 순리대로 풀어 나가자.

베푼 것은 되돌아온다

무언가를 받길 원한다면 줘야 한다! 미친 소리처럼 들리는가? 자신이 가진 것을 주면 원하는 것을 더 많이 얻게 된다. 농부는 많은 수확량을 바라며 더 많은 씨앗을 땅에 뿌린다. 미소를 받고 싶다면 먼저 미소 지어라. 사랑받고 싶다면 사랑해라. 사람들을 도우면 그들도 나를 돕는다. 한 대 맞고 싶다면? 누군가를 쥐어박아라. 사람들에게 돈을 받길 바란다면? 내가 가진 돈의 일부를 나누어라.

생각해 보자. 집착이 우리 삶으로 굴러 들어오는 복덩어리를 가로막는다면 '집착'의 반대말인 '집착하지 않기'를 시작해야 한다. 우리가 소중히 여기는 것의 일부를 내주는 것이다. 베푼 것은 다시 되돌아온다.

사람들은 "평생을 베풀었지만 돌아오는 건 없었어요"라고 말한다. 내가 보기엔 그들은 베푼 게 아니라 계산하고 있었다. 그리고 계산과 베풂은 엄연히 다르다.

주위와 아무것도 나누려 하지 않는 부유하지만 구두쇠인 영감?

'빵 부스러기만 먹고 살더니 죽은 뒤 침대맡에 백만 달러를 남기고 간 인색한 늙은 구두쇠' 이야기는 한 번쯤 들어 봤을 거다. 그럼 묻지 않을 수 없다. "가진 것을 나누어야 원하는 것을 얻을 수 있다고 말씀하셨는데 이 구두쇠는 뭐죠?"

통장의 잔고가 풍족함을 나타내지 않는다. 풍족함은 우리 삶을 통해 순환한다. 부는 주고받는 흐름이다. 스위스 계좌에 천금을 갖고 있다 해도 사용하지 않는다면 부자라고 할 수 없다. 엄밀히 따지면 내 재산이지만 현실적으로 내가 '받는' 것이 없다. 그 돈이 나를 풍족하게 하지 못하는데 그건 다른 사람에게 속했다고 보는 게 맞다. 그러므로 여기서도 주고받음의 원칙이 유지된다.

요약하자면

베풂의 비결은 되돌려 받을 생각 없이 주는 것이다. 무언가를 바라고 준다면 결과에 집착하느라 가능성이 적어진다. 물질적인 소유를 즐겨도 되냐고? 당연한 말씀. 단, 가진 바를 확실히 하되 물건이 나를 소유하게 하지 말라.

절박한 연인은
매력적이지 않다

메리는 남자가 자신을 사랑하고 아껴 주길 진심으로 바란다. 그런 남자를 찾을 수 있을까? 글쎄. 첫째, 절박한 마음이 남자들을 밀어낸다. 둘째, 절박한 여자는 매력적으로 보이지 않는다.

프레드가 연인에게 말한다. "네가 필요해. 너 없이는 살 수 없어." 그건 사랑이 아닌 굶주림이다. 누군가를 간절히 필요로 하면서 동시에 그를 사랑할 순 없다(정말로 누군가 없이 살 수 없다면 구제불능이다. 누가 그런 사람을 원하겠는가?).

누군가를 사랑한다는 건 상대에게 그 사람이 되고 싶은 사람이 될 자유, 있고 싶은 곳에 있을 자유를 주는 것이다. 사랑은 상대방을 내 삶에 초대하는 일이지만 초대에 응하는 것은 그의 선택이다. 다시 말하지만 우리는 '집착하지 않기'에 대해서 말하고 있다. 무언가 혹은 어떤 사람을 원한다면 놓을 줄 알아야 한다.

집착과 증오

"인정하지 않는다면 변할 수 없다." –칼 융

증오는 잘못된 선택이다. 무언가를 증오하는 동안 우리는 무언가와 보이지 않는 실로 연결되어 그 주위를 맴돌게 된다.

예를 들어, 채무를 지고 있고 그 상황을 증오한다고 해 보자. 재무 상황을 건전하게 만들기란 쉽지 않은 상황이다. 그래서 증오하는 데 온 힘을 쏟다 보니 상황은 바뀌지 않고 몸과 마음은 녹초가 된다. 빚을 받아들이고 감정이 정돈되고 나서야 그 상황에서 빠져나올 수 있다. 수용은 포기가 아니다. 수용이란 상황을 인정한다는 의미다.

다른 예로 과체중인 사실을 인정하지 않으면 자신이 뚱뚱하지 않다고 주장하거나 뚱뚱한 자신을 싫어하게 된다. 두 가지 경우 모두 우리가 뚱뚱하다는 사실은 변하지 않는다. 일단 살이 쪘다는 사실을 받아들여야 체중을 줄일 수 있다.

성경에 "악이 아닌 것에 저항하라"는 문구가 있다. 이는 화를 내거나 싸운다고 해서 상황이 해결되지 않는다는 점을 잘 짚어 준다. 저항하지 말고 있는 그대로 수용하자. 마음에 들지 않는 상황을 극복하고 긍정적인 현실로 바꾸어 나가자.

5장

우리가
집중하는 것이
확장된다

그러니 원하는 것에 집중하라!

왜 긍정적으로 생각해야 할까?

무의식은 모든 생각의 집합체이다.
가장 흔한 생각들이 가장 강한 무의식적 행동으로 발현된다.

비행기를 타고 유럽 하늘 위를 지나고 있는데 비행기 양쪽 날개 엔진이 꺼졌다고 상상해 보자. 조종사가 어떻게 대처하길 바랄까? "여러분, 진정하시고 안전벨트를 매 주세요. 험난하겠지만 집으로 돌아갈 수 있습니다"라고 말하길 바랄까?

아니면 통로를 오르락내리락하며 "우리는 다 죽은 목숨이야. 우리는 모두 죽을 거라고요"라고 고함치길 바랄까? 어떤 기장이 우릴 더 무사히 공항으로 데려다줄 가능성이 클까?

이제 자신이 조종사로 있는 우리의 일상을 생각해 보자. "길을 찾을 거예요"와 "우리는 모두 죽을 거예요" 중 어떤 접근 방식이 우리의 문제를 해결해 줄까? 긍정적으로 생각한다고 해서 성공이 백 퍼센트 확실하게 보장되지는 않지만 최선의 기회를 얻을 수는 있다.

패배자는 불가능한 것에 집중하다 보니 그들의 눈에는 불가능한 것들만 보인다. 긍정적인 사고방식을 가진 사람들은 가능한 것을 생각한다. 가능성에 초점을 맞추다 보니 실제로 이루어 낸다.

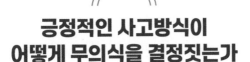

긍정적인 사고방식이
어떻게 무의식을 결정짓는가

긍정적인 사고방식을 잘 이해하려면 무의식의 세계를 그려 볼 필요가 있다. 뇌를 커다란 호두처럼 반으로 쪼갠다고 생각해 보자. 위쪽 절반은 의식이 자리하고, 흘러가는 생각들이 담겨 있다. 아래쪽 절반은 무의식이 있고, 호흡과 소화처럼 타고난 프로그램과 걷기와 말하기처럼 창조해 낸 프로그램이 섞여 있다.

운전을 배운다고 상상해 보자. 모퉁이에 접근할 때마다 뇌 위쪽 부위에서 의식적으로 생각한다. "오른 다리를 올려서 왼쪽으로 12센티미터 옮겨 가 페달을 가볍게 눌러라." 이렇게 몇 달간 의식적인 생각을 이어 나가다 보면 자동 프로그램이 생성되어 일부러 의식하지 않아도 자동으로 브레이크를 밟게 된다. 브레이크 프로그램이 뇌의 아래쪽 부위, 즉 무의식 속에 정착한 것이다.

그래서 숙련된 운전자는 5시간 동안 운전을 해서 집에 와놓고 "운전을 했는지도 모르겠어"라고 말할 수 있다. 일은 무의식이 다 했다. 어떤 의식적인 생각도 일정 기간 동안 반복되면 프로그램화된다.

이를테면 "난 항상 거지야"라는 의식적인 생각을 수년 동안 한다면 어떤 일이 일어날까? 생각할 필요가 없는 자동 프로그램이 형성된다. 의식적인 노력 없이도 본인을 빈털터리로 만들게 된다.

긍정적인 사고방식과 결부 지어서 생각한다면? 간단하다. 인간은 하루에 오만 가지 생각을 하는데 부정적인 생각이 그중 다수를 차지한다. "살찌고 있어. 기억력이 나빠. 돈을 낼 수가 없어. 난 항상 일을 망쳐."

부정적인 생각은 어떤 행동을 불러일으킬까? 우리가 무의식적으로 삶과 건강을 망치는 부정적인 행동을 하게 만든다.

사람들은 자신이 어째서 무일푼이 되거나 비참한 생활을 하는지 궁금해하는데, 이는 사실 그들 스스로가 반복적인 생각을 통해 자동화된 행동 패턴을 만든 결과이다. 의식하지 않고 운전하는 법을 프로그램화했던 것과 같은 방식으로 우리는 우리가 우울하거나, 약속에 늦거나, 파산하도록 스스로의 생각과 감정, 행동 패턴을 프로그램화할 수 있다. 그러고 나서는 신을 비난한다.

재미난 사실은 무의식의 패턴을 알게 되면 아무도 패배자가 되지 않아도 된다는 점이다. 미래는 의식적인 생각에 달려 있다. 생각을 훈련하면 의식적인 생각이 새로운 무의식 프로그램을 낳는다. 운전이라는 무의식적인 행동이 생겨난 것처럼 더 성공하기 위해 무의식적인 행동을 개발할 수 있다. 그러기 위해서는 시간을 들여 생각을 훈련해야 한다.

프레드는 자기계발 세미나에 참석하고 나서 긍정적인 사고를 향한 첫발을 떼었다. 프레드가 말한다. "인생을 180도 바꿀 거예요." 아침 식사 전에 몇 개의 목표를 적었다. "승진하기, 롤스로이스 사기, 타지마할 가기……." 그랬는데도 그 주 내내 부정적인 내리막길을 걸었다. 금요일이 되자 그가 말한다. "긍정적으로 생각하기는 아무런 효과가 없는 것 같아요."

아마 그가 하루에 4만 8천 개의 부정적인 생각을 했다면 지금은 4만 7천 5백 개로 줄었을 것이다. 그러면서도 그는 왜 복권에 당첨되지 않고 관절염이 나아지지 않고 부인과 여전히 싸우는지 이해하지 못한다.

하루를 긍정적으로 사는 걸로는 충분치 않다. 생각을 강화하는 일은 몸을 단련하는 일과 비슷하다. 팔굽혀펴기를 스무 번

하고 나서 거울 앞으로 달려가 봤자 아무런 변화가 보이지 않는다. 그러나 생각을 몇 달간 훈련하면 체육관에서 일생일대의 변화를 맞이하게 될 것이다. 생각을 가다듬는 일은 평생이 걸린다. 방대한 작업이다. 하물며 자신이 부정적인 상태에 있으면서도 종종 그걸 알지 못하기 때문에 더 어렵다.

생각을 점검하고 싶다면 삶부터 점검해라. 부, 행복, 인간관계, 건강 등은 가장 흔히 하는 의식적인 생각을 반영한다.

요약하자면

프레드가 말한다. "삶이 엉망이니까 이렇게 생각하게 돼."

아닐세, 프레드. 자네 삶이 엉망인 건 자네 생각이 엉망이기 때문이야.

생각이 결과를 낳는다

삶을 살아가면서 원하지 않는 무언가에 대해 걱정하지 말고 언급하지도 말아라. 우리가 쏟아붓는 에너지가 그것을 더 살아 숨 쉬게 만드는 원동력이 될 테니. 반면에 에너지를 회수하면 그것은 사라진다. 말다툼이 확실한 예다. 남편이 집에 와 불평을 늘어놓을 때 맞서 싸우길 거부하면 말다툼이 있을 수 없다. 혼자서 싸울 수는 없는 일이다.

우리가 무언가를 걱정하고 부끄러워하고 단지 생각만 하고 있을지라도 다른 사람들은 계속 그것에 대해 얘기한다. 어릴 땐 참 신기했다. 왜 그런지는 몰랐지만 아빠의 담배를 훔쳐다 피울 때마다 엄마는 잘 자라고 키스를 해 주셨다.

진정으로 무언가에서 감정의 연결고리를 끊어 버린다면 문제는 증발한다. 이것은 다른 법칙으로 이어진다.

세상일을 놓아주면 세상일도 우리를 놓아준다

사람들은 자신을 보호하려는 사람들을 공격한다. 왜냐하면 우리가 스스로를 보호하는 이유는 자신의 위치를 불안하게 느끼기 때문이다. 정말이다!

예를 들어, 이웃이 당신을 외계에서 온 화성인이라고 추궁한다고 치자. 그렇다고 황급히 외계인이 아니라며 다툴까? 아닐 거다. 내가 화성인이 아닌 걸 알고 있기에 아마 웃어넘길 거다.

다른 예로 직장에서 소문의 주인공이 되었다고 해 보자. 공식적으로 문제를 제기하고 무죄를 주장한다면 불에 기름을 붓는 격이다. 무시해 버리면 소문은 지나갈 것이다. 스스로를 방어하지 말라는 말일까? 아니다. 괴롭게 저항하고 길길이 날뛰는 동안 문제의 불씨는 계속 살아 숨 쉰다는 말이다.

1960년에 TV에서 시위하는 장면을 봤다. 그때 아빠에게 물었다. "왜 저 사람들은 서로 치고받는 거죠?" 아빠가 말했다. "평화를 바라기 때문이란다."

전쟁하지 마라. 평화에 초점을 맞춰라.

우리는 우리가 생각한 대로 본다

프레드와 메리는 처음으로 저녁 식사 데이트를 하러 간다.
프레드는 즐거운 시간을 보내리라고 마음먹는다. 메리가 무
릎에 감자 샐러드를 떨어뜨리자 프레드가 말한다. "자, 제가
닦아 드릴게요." 그녀가 집 열쇠를 잃어버리자 그가 말한다.
"저도 늘 그래요."

3년이 흐른 후, 메리, 프레드 부부가 저
녁을 먹으러 나갔다. 메리가 무릎에 감자
샐러드를 떨어뜨리자 프레드가 말했
다. "역겹군." 그녀가 집 열쇠를
잃어버렸다. 프레드가 말한
다. "이런 새대가리야."

같은 사람에 같은 상황인
데도 태도가 다르다! 우리

는 우리가 생각하는 대로 사람을 대한다. 좋아하는 사람에게는 관대해진다. 하나 짜증을 부리고 싶으면 실수에 주목한다. 우리가 사람을 어떻게 느끼는지 결정짓는 건 그 사람의 행동이 아니라 우리의 마음가짐이다.

대다수는 잘한 일보다는 잘못한 일을 생각하면서 시간을 보낸다. 메리의 머릿속엔 프레드에 관해 쓴 두 개의 목록이 있다. 하나는 아내로서 남편의 단점을 짧게 썼다. 다른 하나는 미망인으로서 남편의 모든 장점들—친절한 성격, 유머감각, 관대함, 귀여운 엉덩이—에 관해 길게 썼다. 결혼 생활 내내 그녀는 자신을 짜증 나게 만드는 짧은 목록에 집중하며 보냈다. "그는 식탁에 사방으로 신문지를 펼쳐 놓고 나가요. 또, 변기 커버를 내리질 않죠." 그러다 불쌍한 남편이 버스에 치여 사망하자 하룻밤 사이에 긴 목록으로 갈아탄다. "그는 정말 천사였어요. 착하고 관대하고 열심히 일했죠. 그는 정말 좋은 남편이었어요."

설령 목록을 갖고 싶다 해도 적어도 반대로 만들면 안 될까?

그들이 가진 장점에 초점을 맞추고, 그들이 세상을 떠났을 때 "코를 골긴 했었지" 하며 위안을 삼도록 하자.

"당신 엄마의 문제는 뭔가요?"라는 질문을 받고 무얼 떠올리겠는가? "엄마의 외모, 태도, 행동에서 마음에 들지 않는 다섯 가지를 나열해 보세요"라고 말한다면 가능하겠는가? 물론 가능하겠지. 시간만 주어진다면 백 가지, 아니 천 가지라도 생각할 수 있을 테다. 심지어 다시는 보고 싶지 않다고 생각할지도 모른다.

부정적인 면에 집중하는 사람들은 대개 "난 그저 현실적일 뿐이야"라고 변명한다. 하지만 현실은 우리가 만들어 내고 있는 것이다. 우리 스스로가 엄마를 포함해 모두를 보는 태도를 정한다. 인생에서 아무나 골라잡고 그들의 장점에 집중하다 보면 그 사람들과의 관계가 진전될 것이다. 어렵고 무섭게 느껴질 수도 있지만 확실히 통한다.

감사함과 풍족함

"행복한 사람 중 감사할 줄 모르는 사람이 있다면
　단 한 명이라도 보여 줘 봐라." -지그 지글러

모든 종교에서는 감사를 표하라고 가르친다. 프레드가 말한다. "왜 내가 신의 자존심을 만족시키는 삶을 살아야 하지?" 사실 신에게 자의식 문제가 있다고 생각하지 않는다. 산을 움직이고 우주를 만들고 시간을 넘나드는 분인데 굳이 증명할 필요가 있겠는가!

우리가 감사를 표하는 이유는 우리를 위해서다. 우리는 살면서 우리가 소중하게 여기는 걸 받으며 살아간다. 가진 것에 대해 감사하면 더 풍족하게 느껴지고 더 많은 것이 주어진다.

내 아내는 셈을 잘 못한다는 단 한 가지 단점을 제외하곤 모든 게 완벽한 여자였다. 비록 소득과 빚, 지출에 대해선 흐리멍덩하지만 그녀는 항상 풍요로움을 즐길 줄 알았다. 삶의 질에 관한 한 그녀는 살아 있는 본보기다. 감사함을 가지면 삶이 축복해 준다는 내적 깨달음은 논리와 수학보다 훨씬 중요한 가치가 있다.

6장

마음 가는 대로 해라

인생의 목적은
문제없이 사는 게 아니라
신나게 사는 것이다.

하고 싶은 일을 하자

세상이 내게 빚졌다고 떠들고 다니지 마라.
세상은 아무런 의무가 없다. 우리보다 이곳에 먼저 온 건 세상이다.

-마크 트웨인

이번 장에는 두 가지 주제가 있다.

· 자신의 마음가짐을 선택하라. 그렇다면 어떤 일이라도 즐길
수 있다.
· 좋아하는 일을 하면 더 행복해진다. 더불어 더 성공하고 더
많은 돈을 벌 수 있다.

우선 말해 두겠다. "현재 하는 일이 무엇이건 그것을 좋아
하자. 그리고 마음 가는 대로 해라." 두 가지가 충돌하는가?
아니다. 단기적으로 보면 종종 현재 상황에 최선을 다해야 한

다. 돈이 필요하면 현재의 직업을 유지하면서 미래를 계획해야 한다. 그러나 길게 보면 자신에게 맞는다고 느껴지는 일을 해야지만 성취감을 느낄 수 있다.

완벽한 직업

보통 다른 사람이 하는 일이 더 쉽고, 재밌으며 보수도 많은 것처럼 보인다. 간호사는 의사가 어려움 없이 일한다 여기고, 영업 사원은 관리자가 하는 일이 더 쉬워 보인다. 모든 사람은 정치인이 편히 일한다고 생각한다. 결과적으로 세상에 완벽한 직업이란 없는 셈이다. 왜냐하면 사람들은 자신이 할 수 없거나 하기 싫은 일에만 돈을 지불하기 때문이다. 즉, 해결할 문제가 없었다면 우리의 직업도 존재하지 않았다.

자신이 하는 일이 싫을 땐 두 가지 대안이 있다. 태도를 바꾸거나 직업을 바꾸는 것. 우리는 "하는 일이 좀 더 쉬웠더라면 행복했을 텐데"라고 말하곤 하지만 실제로는 쉬운 일을 좋아하지 않는다. 일이 너무 쉬우면 대개 그 일을 떠난다. 우리는 도전을 너무 즐기는 나머지 쉬는 시간에도 도전할 거리를 찾는다. 왜 많은 사람들이 골프에 빠졌을까? 골프는 사람을 안달 나게 하기 때문이다.

프레드가 말한다. "반복적인 일만 아니라면 행복할 텐데."
대부분의 일은 반복적이다. 비서는 한 자 한 자 타자를 쳐야
하고, 영화배우는 한 역할을 끝내면 다음 역할이 기다리고 있
다. 모든 일은 다 반복이다.

우리가 삶의 일부에 '일'과 '역할'이란 딱지를 붙인다면 스
스로를 제한하는 셈이다. 마치 "이제 일하기 시작하면 5시까
지는 고통받을 예정이야"라고 말하는 것과 다름없다. '일'과
'역할'로 구분 짓지 말고 전부 삶으로 받아들이자. 일을 사랑
한다는 건 사람을 사랑하는 것과 같다. 처음에는 정신없이 빠
져들지만 오랫동안 '사랑'하려면 굳은 마음이 필요하다.

최선을 다하자

"일은 자발적으로 해야만 존엄성을 가진다." -알베르 카뮈

우리가 최선을 다해야 하는 두 가지 타당한 이유가 있다.

첫째로, 백 퍼센트를 다하면 기분이 좋다. 학창 시절을 떠
올려 보자. 숙제를 다 해내고 최선을 다한 날 학교를 갈 때 기
분이 어땠는가? 가벼운 발걸음으로 날아갈 듯하지 않았는가?

졸업한 지 50년이 넘었다고 해도 '숙제 법칙'은 여전히 적

용된다. 선생님, 부모님 그리고 직장 상사까지 모두 우리에게 열심히 하라고 말한다. 하나 우리가 열심히 하는 건 그들을 기쁘게 하기 위해서가 아니다. 스스로를 위해서다.

둘째로, 세상엔 게으름과 오만함을 벌주는 법칙이 있다. 성의 없는 태도는 일을 얼마든지 망칠 수 있다. 적당히 하려고 들면 와르르 무너지기 시작한다. 자신의 상대를 얕보는 복싱 선수, 경쟁자를 깔보는 사업가라니. 매사에 최선을 다하는 자세를 프로정신이라고 한다.

어떤 택시 기사는 가는 길이 즐겁게 느껴지도록 운행하지만, 어떤 택시는 타고 나면 괴롭다. 똑같이 반복적인 일인데도 말이다. 차이가 뭘까? 즐거운 기사는 철학부터가 남다르다. 프레드가 말한다. "활기찬 성격이라서 좋은 서비스를 제공하는 건데요." 틀렸다. 서비스가 좋아서 성격이 활기찬 거다.

자신의 일에 만족하는 사람들은 잠에서 깨어나며 말한다. "오늘은 어제보다 더 효율적으로 일해야겠어. 하나하나 살뜰히 챙겨야지." 그들이라고 해서 백발백중 성공하지는 않지만 목표가 정해져 있다.

최근에 지그 지글러 씨와 함께 싱가포르에서 강연을 했다. 그는 25년을 강연한 프로인 데다가 국제적으로 그 분야에서 최고로 인정받고 있다. 바쁜 스케줄과 높은 강연료가 그 사실을 증명한다.

강연 전, 그에게 물었다. "지그 씨, 이 연설을 수천 번은 하셨을 텐데요. 오늘 발표는 얼마나 준비하셨나요?" 그가 대답했다. "3시간이요."

그는 성공한 이후에도 여전히 요행수나 지름길을 택하지 않았다. 자신의 기술을 갈고닦는 데 전념했고 꾸준히 성장하려고 노력했다. 지그를 '타고났다'고 평가하는 건 큰 실례다. 정상에 오르려면 재능 이상의 것이 필요하기 때문이다.

누구를 위해 일하는가

"항상 받는 돈보다 더 많이 일하면 언젠가 일하는 것보다 돈을 더 많이 받게 될 날이 온다."

최근에 무례한 웨이터를 만났다. 그의 태도는 "누가 당신 보고 이 가게에 들어오라고 허락했죠?"라고 말하는 듯했다. 20분이 지나서야 카푸치노를 받았는데 컵 받침에 흘린 양이 더 많았다. 이야기를 나누다 그에게 일과 사장에 관해 물었다. 그가 말했다. "단언컨대 남은 여생은 그 자식을 위해 일하지 않을 거랍니다."

불행히도 그는 직장 생활에서 통용되는 삶의 중요한 교훈을 잊고 있었다. 우리는 상사를 위해 일하지 않는다. 우리 자신을 위해서 일한다.

고용주는 완벽하지 않고 동료는 게으를지 모른다. 그러나 일하기로 계약한 이상 최선을 다해야 하지 월급 주는 사람을 흠잡아서는 안 된다.

그렇지 않고 마지못해 일하면 사장보다 더한 고통을 받는다. 그는 고작 몇 달러를 손해 보겠지만 우리는 열정과 자부심, 인생 한 뭉텅이를 잃어버리게 된다.

만일 좋은 직업을 가졌더라면

가끔 사람들은 어떤 일을 할 때 '행복한' 일과 '불행한' 일이 따로 있다고 생각한다. 하지만 그렇지 않다. 재미있는 사람은 지루한 일도 재미있게 만들 수 있다. 그렇다고 해서 실직한 은행가가 20년 동안 세차장에서 차 닦는 일을 해야 한다는 의미가 아니다. 단지 몇 달 정도라면 좋은 처방일 수 있겠지만!

풍족하게 살다 보면 교만해진다. 해고된 건축가는 "창문은 내 분야가 아니오"라고 말하고, 해고된 행정관은 아직도 요직에 있다고 생각하며 실업수당을 탈지언정 웨이터가 될 생각은 하지 않는다.

일을 즐기는 건 선택의 문제다. 내 동생 크리스토퍼는 하찮은 일도 가치 있게 만들 줄 안다. 도랑을 파거나 지붕에 페인트를 칠하거나 콘크리트를 부숴야 한다면 여지없이 그를 부를 것이다. 크리스토퍼는 이런 일들을 단순히 즐거운 일이라고 여기니까.

그 어떤 칵테일 파티보다 크리스와 함께 닭 털을 뽑는 게 훨씬 재밌다.

요약하자면

최선을 다하는 이유는 사람들을 감동시키기 위해서가 아니다. 최선을 다해야만 우리가 즐겁게 일할 수 있기 때문이다.

어떤 직업을
선택해야 할까?

이 책은 직업 안내 지침서가 아니다. 한 번뿐인 인생을 좋아하는 일을 하면서 보내라는 철학이 담긴 책이다. 우선 두 가지 관념을 받아들이도록 하자.

· 직장에서 찾을 수 없다면 적어도 여가 시간에라도 좋아하는 일을 하자. 어떤 사람들은 무슨 순교자인 양 자신을 위한 시간을 절대 마련해 놓지 않는다. 여가 시간에조차 원하는 일을 할 수 없다면 진짜로 좋아하는 일을 하면서 살 수 있을지 의심스럽다.

· 좋아하는 일을 하면서 돈도 벌 수 있다. 일은 지겹고 힘들기

마련이라고 믿어 왔다. 천만에! 많은 사람이 일을 즐기며 돈도 벌고 있다.

'좋아하는 일을 하는 것'이 아닌 경우를 보자. 좋아하는 일은 한다는 건 열대 해변에 눕기 위해 돈을 버는 게 아니다. 좋아하는 일을 한다는 건 열정을 가지고 모든 사랑과 에너지, 창의력을 쏟아붓는 일이다. 위험을 감수해야 할 때도 있다. 그 일이 혼자만의 만족으로 남겨질 때도 많다.

흥미를 느끼는 원인의 절반은 불확실성 때문이다. 고난이 없다면 뭔가 빠진 것처럼 느껴진다. 그래서 부유한 유명인사의 자식들이 헤로인을 과다 복용하여 해롱거리면서 사는 경우가 많다. 일하지 않아도 물질적으로 풍족하니 그들에게는 시련이 없다.

우리의 인생은 자신의 선택, 최우선적으로는 직업 선택에 완전한 책임을 질 때 비로소 돌아간다

프레드에게 물어보자. "왜 그 일을 하니?" 그가 말한다. "어쨌든 뭔가 하기는 해야 하니까요." 안 돼, 프레드. 하기 싫은 일을 하면서 일생을 보낸다고 훈장을 주진 않아. 마음속으로 직업을 잘못 선택했다고 느낀다면 일을 바꿔 봐. 좋아하는 일을 하도록 해 봐.

뭘 하고 싶은지 모르겠어요

무슨 일을 하고 싶은지 모르겠다고? 아마도 오래전부터 자기 자신에게 귀를 기울이지 않았기 때문에 그럴 것이다. 우리는 가족을 기쁘게 하느라 원하지 않는 사람이 되곤 한다. 야구를 하고 싶었지만 엄마가 하라는 피아노를 쳤고, 스포츠카를 꿈꿨지만 실용적인 차만 샀다. 기자가 되고 싶었지만 회계사가 됐고, 남아메리카를 여행하길 소망했지만 늘 테드 삼촌네에서 휴가를 보냈다.

우리는 '적당한' 취미를 골라잡고, 남들이 '기대하는' 행동을 하며 살아간다. 그러다 어느 날 문득 자리를 박차고 일어나서 말한다. "내가 누구인지 모르겠지만 더 이상 이렇게 살고 싶지 않아."

열정을 오랫동안 억누르다 보면 좋아하는 일이 무엇인지 기억조차 희미하다. 내가 진짜로 원하는 일을 하려고 들면 내면의 목소리가 그건 이기적인 행동이라고 나무랄지 모른다. 또 작게 말할지도 모른다. "증오하는 일을 하는 게 네겐 합당해."

모든 사람이 내가 그 일을 좋아할 거라고 기대하기 때문에 자신도 좋아하고 있다고 착각할 수 있다. 그러나 정말 좋아하면 티가 난다.

- 아침에 벌떡 일어나고 쉬고 싶은 마음이 생기지 않는다.
- 시간을 잊고, 자기 자신도 잊는다.
- 굳이 애쓰지 않아도 한참을 그에 대해 이야기할 수 있고, 보통 그렇게 하고 있다.

열정을 어떻게 되찾을 수 있을까?

삶을 단순하게 바꾸자. 습관적으로 하던 행동을 멈추자. 일상에서 발생하는 쓰레기를 치우면 좀 더 선명해진다. 한 달간 TV 전원을 끄자. 자신이 무얼 생각하는지, 무얼 읽고 있는지 주의를 기울이자.

스스로에게 귀 기울이자. 다음번엔 내면의 목소리가 속삭일지 모른다. "난 그게 좋아. 그걸 하면 흥분돼." 듣자! 시립 도서관에 가서 한쪽 끝에서 다른 쪽 끝까지 돌아보자. 선반을 하나하나 뒤져 보자. 무엇이 끌리는가?

유화, 분재, 소년 축구단 코치, 이탈리아어 공부 등 새로운 시도를 하자. 열 가지 도전에서 아홉 가지는 흥미가 동하지 않다가도 열 번째에 새로운 세상으로 통하는 문이 열릴 수 있다. 소용없다면 다른 열 가지 도전을 해 보자.

찾으려고 해야 찾을 수 있다. 잃어버린 인생의 방향을 술집에서 찾을 수는 없는 노릇이다. 여유를 가져라. 시간과 공간을 할애해 중요하게 생각하는 가치를 관찰하자. 혼자서 일주일간 산이나 바다로 떠나 보자. 프레드가 말한다. "그럴 시간이 없어요." 그 말은 마치 "길을 잃었지만 늦어서 지도를 볼 시간이 없어요"처럼 들린다.

가장 중요한 것은 좋아하는 일을 하겠다는 생각과 친해지는 것이다. 가능하다고 믿어야지만 하고 싶은 일을 할 수 있다. 무슨 일을 하면서 시간을 보내고 싶은지 깨달으면 "평생 무엇을 하고 싶은가?"에 대답할 준비가 된 거다.

요약하자면

많은 사람은 자신이 무얼 원하는지 모르는 데다
그것을 알지 못해 속상해한다.
자신이 정확히 무엇을 원하는지 모른다면
가장 비슷한 일을 찾아서 거기서부터 시작해라.

재능

'재능'은 명작을 그릴 때만 사용되는 단어가 아니다. 사람들을 돌보는 것도 재능이다. 가르치는 것도 재능이고, 환영받는 기분을 만들어 주는 것도 재능이다. 문제를 풀고, 관리하고, 부모의 역할을 다하는 것도 재능이다.

우리는 자신의 재능을 너무나 과소평가해 왔다. 도예가는 말한다. "작곡하는 기술이 있다면 더 대단할 테지만." 피아니스트는 말한다. "손으로 만드는 일을 한다면 더 성공했을 텐데." 다른 사람들이 가진 능력과 비교하지 말라. 자신이 할 수 있는 일을 해라. 가진 재능을 인정하자. 다른 사람의 재능을 바랄 것이 아니라 자신의 재능을 발전시키다 보면 더 큰 만족에 이르게 된다.

메리는 말한다. "아이들을 돌보는 일에 있어서 저에겐 신이 내린 재능이 있어요. 하지만 아무래도 은행원이 되어야 할 것 같아요." 좋은 유치원 선생님이 될 만한 재능을 받았는데 왜 숫자나 보면서 살길 바라는 거죠? 신을 믿어 봐요. 당신도 아는 당신의 재능을 신이 몰랐을까요.

내가 알아낸 또 다른 사실은 자신이 재능 없다고 말하는 사람들 대부분은 별로 시도해 본 일이 없다는 점이다.

재능이 요긴하게 쓰이긴 하지만 그게 전부가 아니다. 사람들이 잭 니클라우스의 골프 인생을 말할 때 그의 놀라운 재능 이야기를 빼먹지 않는다. 하지만 잭은 자신의 성공을 말할 때 늘 자신이 친 수많은 연습 타구에 대해서 말한다. 그는 자신과 다른 재능 있는 골퍼들의 차이가 태도와 노력에서 왔다는 걸 안다.

방관자들과 노력하지 않는 자들은 재능을 강조한다. 재능은 그들이 아무것도 하지 않는 좋은 구실이다. 위대한 예술가, 과학자, 스포츠 스타, 박애가와 재벌이 공통적으로 특출난 재능을 가졌다면 그건 그들의 재능은 아니다. 일단 하고 싶은 일이 무엇인지 알았다면 그것에 집중해라! 모든 걸 다 할 수는 없다. 고래를 살리고, 환자를 치료하고 오존층을 보존하는 일은 나 혼자서 할 수 없다. 나머지 인류가 맡아야 할 일도 있다.

여가 시간을 활용해라

"일은 눈으로 보이는 사랑이다."–칼릴 지브란

취미를 직업으로 바꾼 사람들이 많다. '취미'가 생계 수단으로 전환되는 과정은 아주 서서히 진행된다.

프랭크는 사진을 좋아해서 여가 시간에 사진을 찍으며 보낸다. 친구들의 결혼 사진을 찍어 주고 아마추어 대회에서 상도 몇 번 탔다. 점점 불러 주는 곳이 늘어났다. 수년 내로 회사에서보다 주말에 더 많은 돈을 벌게 된다. 물론 어떤 촬영은 취소되기도 하고 어떤 고객은 돈을 내지 않아서 돈을 거의 벌지 못하는 달도 있지만 프랭크는 이 모든 걸 감수할 가치가 있다고 여긴다.

마리아는 외국어를 좋아한다. 이탈리아어와 영어를 할 줄 알고 스페인어까지 배우기로 결심한다. 바르셀로나에서 휴가를 보내며 스페인어 실력을 향상시키고자 퇴근 후에 무료로 남아메리카 이주자에게 영어를 가르친다. 2년이 지나자 그녀는 세 가지 언어에 능통해졌다. 그녀는 여행과 관련된 직장 세 군데에 지원했지만 모두 떨어졌다. 그래도 포기하지 않는다. 실력을 연마하고자 통역 과정을 수강하고 마침내 어학원에서 일자리를 찾았다.

짐은 하이킹과 캠핑을 좋아해서 부츠, 텐트, 배낭과 같은 온갖 장비를 갖추고 있었다. 그리고 캠핑을 하고 싶지만 장비가 없는 사람들에게 그의 장비를 빌려주기로 한다. 때로는 돈을 받고 캠프 전체 일정을 짠 다음 차를 몰아 목적지까지 데려다주기도 한다. 여행객이 밧줄을 잃어버리고 텐트를 태우기도 하지만 짐은 스스로에게 말한다. "완벽한 직업은 없어. 영안실에서 일했던 마지막 직업보다야 낫지."

이들에게서 배울 점은 무엇인가?

· 우리는 자신이 좋아하는 일을 하면서 살 수 있다.
· 세상은 시장이다. 일단 기술을 익히면 사람들은 그것에 기꺼이 돈을 지불한다.

또한 현실이 연속극과 다르다는 걸 배운다. TV는 이런 식이었다. 오후 7시 30분, 장면 1에서 사만다는 모델 에이전시를 세우기로 한다. 오후 7시 34분, 장면 2에서 사만다는 테니스장만큼 넓은 사무실을 임대한다. 오후 7시 36분, 장면 3에서 사만다는 매니저를 임명하고 은퇴해서 하와이로 떠난다. 현실이었다면 사만다는 여덟 개의 은행을 방문하고 나서야 필요한 자금을 얻을 수 있다. 또 주말은 햄버거로 끼니를 때워야 하고, 화장실 크기만 한 사물실에서 시작할 것이다. 현실은 더 실망스럽고 시간도 오래 걸린다.

이왕 연속극 이야기가 나온 김에 하는 말인데, 취미를 직업으로 돌리는 사람들은 여간해서는 연속극을 보지 않는다. 다른 이의 인생을 지켜보는 건 자신의 삶을 사는 것에 비할 바가 못 되기 때문이다.

요약하자면

좋아하는 일을 하면서 살면 자신이 가진 취미를
소득원으로 쓸 수 있다. 취미로 돈을 벌려면
취미의 선택 범위를 제한할 필요가 있다.

방향 전환이
필요한 순간

우리 아버지는 항상 자신이 원하는 일을 하면서 살아오셨다. 항해사, 도살업자, 농부, 발명가, 풍경가, 택지 개발업자로 다양하게 일하셨다. 나는 일이란 자신이 하고 싶은 걸 하는 거라고 믿으며 자랐다. 다른 직업이 가지고 싶어지면 새롭게 시작하면 된다고 생각했다. 많은 사람들이 부모님에 맞서 꿈을 좇는 용기가 필요했지만 나는 그렇지 않았다. "법학 공부를 때려치우고 예술가가 될래요"라고 아버지께 말하자 "그걸 원하니? 멋지구나"라는 대답을 들었다.

이십 대 중반까지 인물화를 그리다가 '긍적적인 마음가짐'이 주는 이로움에 마음을 빼앗겼다. 직업보단 취미로서 유화를 그리기로 마음먹고 인성 발달 세미나를 지도하며 돈을 벌었다. 삼십 대에 가까워져서는 책을 쓰기 시작했고 내 책에 들어갈 그림을 그리려고 만화가가 되었다. 현재는 일하는 시간의 대부분을 회의와 전시회에서 연설하는 데 쓴다.

내 경험을 짧게 보여 주는 이유는 이 책을 쓴 이유를 설명하기 위해서다. 많은 사람들이 자신이 좋아하는 일을 하며 살 수 있는 가능성을 놓치고 있다고 생각하니 슬프기 그지없다. 일에서 의미와 열정을 발견하려면 마음 가는 대로 해야 한다. 나는 그렇게 믿고 그렇게 살고 있다.

물론 모든 사람이 자영업자가 되고 싶어 하지 않는다. 어떤 일들은 혼자서 해 나가기란 거의 불가능에 가깝다. 혼자 일하는 은행원이나 비행기 조종사는 없다. 게다가 사람들은 여러 가지 대신 한 가지 직업을 선호한다. 그러나 놀랍게도 많은 사람이 실제로 하기 싫은 일을 하면서 종종 빈약한 변명을 늘어놓는다. 또, 우리는 믿음 체계에 들어맞는 직업을 선택하려고 한다.

우리 대부분은 무분별한 청소년기에 직업을 결정했다. 17살에 첫 직업을 선택했다면 이제 다시 고를 시간이 되었다. 한 개 이상의 직업을 가지면서 살아 보자.

음악을 공부하고 싶었는데 아빠를 기쁘게 해 주려고 엔지니어가 되었다고 해 보자. 매일 아버지의 말이 귓가에 맴돈다. "넌 내가 갖지 못한 기회를 가졌다. 나는 너처럼 다리를 건설해 보는 게 꿈이었어." 나는 무슨 일을 해야 할까? 피아노를 쳐야 한다.

우선, 아빠를 위해서 그렇게 해야 한다. 다른 사람의 삶을 대신 살 수 없는 법이다. 아빠는 인생의 의미를 자신 안에서 찾아야 한다. 그를 기쁘게 하려고 자신을 희생하는 동안 오히려 그와 당신 모두의 성장이 지연된다. 우리는 좌절한 부모의 꿈을 이루어 주려고 태어나지 않았다.

또한 우리를 위해서 그렇게 해야 한다. 엔지니어가 되기 위해 4년을 보냈다고 나머지 40년을 싫어하는 일을 하면서 살 이유는 없다. 정신 건강과 신체 건강에 좋지 않고 평범한 삶으로 끝날 수밖에 없기 때문이다.

일을 잘하려면 정말 그 일을 사랑해야 할까? 베토벤은 음악을 좋아했을까? 페라리는 빠른 자동차를 좋아했을까? 두 명의 의사 중 누가 담낭을 잘 제거할까? 환자에게 열정적인 의사일까 아니면 BMW에 열중해 있는 의사일까?

이렇게 말할 수도 있다. "그러면 우체국 일을 관두고 록밴드를 시작할까요?" 음악 수업을 듣고 몇 차례 공연을 해 보지 않으면 안 된다. 계산된 위험이라는 항목이 있다. 실력을 쌓고, 지식을 쌓고, 수요를 창출하고 나서야 자신이 좋아하는 일로 옮겨 갈 수 있다.

프레드가 말한다. "먹여 살릴 가족이 있어도 회사를 그만 두라는 말인가요?" 음, 프레드. 마음이 콩밭에 가 있다면 장기적인 안목에서 그게 옳은 선택일 거야.

돈을 위한 일

"많은 사람들은 자신이 낚으려는 고기가 무엇인지도 모르고 평생 낚시를 한다."

–헨리 데이비드 소로

단지 돈만 바라고 일한다면 행복하지도 않겠지만 많은 돈을 만질 수도 없다. 우주는 우리가 진정으로 사랑하는 일을 하라고 한다.

4장에서 집착을 버리라고 이야기했다. 하고 있는 일을 정말 사랑한다면 돈에 덜 집착하게 돼서 보통 더 많은 돈을 벌게 된다. 돈은 게임이다. 게임은 참여해 이기는 것이지 득점에 연연해 괴로워한다고 해서 이기는 것이 아니다.

돈을 감사히 여기지만 돈보다 중요한 건 정성이다. 지금 무슨 일을 하건 간에 우리는 자신의 일을 사랑하는 사람들에 맞서 경쟁하고 있다. 자신이 하는 일을 사랑하지 않으면 그 경쟁에서 밀려나게 된다.

우리의 자리가 있을까? 능력이 된다면 우리의 자리는 언제나 열려 있다. 80퍼센트의 사람들은 아주 훌륭하지만 약간 평범한 데가 있다. 깨끗한 택시를 얼마나 자주 타게 되는가? 언제 마지막으로 제시간에 오는 의사를 봤는가? 얼마나 자주 음식점에서 좋은 서비스를 대접받았는가?

좋아하는 일을 하기 위해서 반드시 오랜 준비와 큰돈이 필요한 건 아니다. 분명한 재난이 계기가 되는 경우도 왕왕 있다. 아내가 아는 손톱 관리사 대니얼은 원래 미용실 한구석에서 일했다. 미용사가 임대료를 두 배로 올리자 그녀는 절망했다. 그러다가 낚시 도구 상자에 재료들을 넣고 오토바이를 타고 다니면서 방문 관리 일을 시작했다. 시간을 잘 지키고 서비스가 훌륭하니 예약이 꽉 찬 건 당연했다.

좋아하는 일을 하면 지금처럼 벌 수 없어요

좋아하는 일을 하면 장기적으로 볼 때 훨씬 경제적으로 성공할 가능성이 크다. 하지만 그렇지 않을지라도 좋아하는 일을 하면 돈이 적게 든다.

내가 회사 사장으로 커다란 저택에 살며 작은 농장에 별장을 가지고, 고급 차에 최고 경영진에게 주어지는 회사 경비 계좌가 있다고 하자. 정말 하고 싶은 일은 말을 키우고 승마를 가르치는 일이지만 나는 말한다. "다 유지하고 살려면 지금 하는 일을 해야 돼요."

승마 코치가 되면 더 이상 저택이나 스포츠카가 필요하지 않을지 모른다. 때때로 우리는 증오하는 일에서 잠시 벗어나기 위해 장난감들을 사들인다. 자신의 감정을 따른다면 작은 농장 하나와 작은 지프차 한 대로도 만족을 느낄 것이다.

일이 문제가 아니라…

좋은 간호사는 의학보다는 사람을 더 좋아한다는 공통점이 있다.

여기에 우리가 일에서 의미를 찾을 수 있는 실마리가 존재한다. 일은 일로만 끝나는 것이 아니다. 살면서 하는 일은 사람들과 연결해 주는 매개체 역할을 한다. 일에서의 성공은 사람들을 어떻게 대하느냐에 달렸다. 알버트 아인슈타인이 말했다. "봉사할 줄 아는 사람만이 진정으로 행복할 수 있다."

안타깝게도 "사람들에 대한 봉사"는 복종이나 희생처럼 들린다. 그렇지 않다. 오롯이 자신의 것을 나눠 주면서 오는 행복을 느끼는 것일 뿐이다. '봉사'는 사람들을 가르치거나 돌보는 일일 수도 있고, 아름다운 꽃을 팔거나 미소를 띠며 난방기를 고치는 일일 수도 있다. '봉사'란 직업을 설명하는 말이 아니고 철학과 연관된 말이다.

우리는 석박사 학위로 경력을 평가하곤 한다. 하지만 이는 '사람들과의 관계'라는 중요한 가치를 놓칠 위험이 있다.

열두 살 아이들로 이루어진 농구팀을 지도한다고 하자. 농구를 사랑하는 마음만으로도 좋다. 하지만 그 일을 하는 이유가 비단 농구 때문만은 아니란 걸 알게 되면 비로소 아이들을 위해 무언가를 할 수 있다.

"농구 코치가 아이들의 인생을 바꿀 수는 없어요"라고 말할지 모른다. 천만의 말씀. 농구는 단지 구실이고 아이들에게 인생을 가르치는 코치는 한 사람의 인생을 바꾸기도 한다.

한편 무척 많은 교사가 자신에게 말한다. "무슨 상관이람? 애들은 어차피 대수학에는 관심이 없어." 물론 그렇다. 하지만 6학년을 가르치는 교사라면 목적은 대수학이 아니다. 그의 목적은 아이들이어야 한다. 은행가의 목적은 대차대조표가 아니라 사람들이다.

해 볼게요

몇 년 전 오하이오주 데이턴에 있는 북스 서점에 작가로 초대되어 갔다. 서점에서 그림을 그리고 있자 직원이 두 명의 고객에 대한 낭만적인 이야기를 들려줬다.

어느 날 레베카 배틀스와 레이 치코스키는 슬픔을 극복하도록 도와주는 서적이 진열된 코너를 둘러보고 있었다. 둘은 모두 최근에 질병으로 배우자를 잃었다. 그들은 대화를 나누다 같이 유족 상담 모임에 다니기로 했다. 그리고 둘은 친해졌다.

몇 개월 후에 레베카가 다시 북스 서점에 찾아왔다. 직원이 물었다. "원하는 걸 찾으셨나요?" 그녀가 말했다. "바라던 것 이상을 찾았어요. 원했던 책도 찾았고 같은 장소에서 약혼자도 얻었어요. 오는 9월 15일에 결혼한답니다."

북스 서점은 감격해서 서점에서 결혼 피로연을 열어 주기로 자청했다. 선반들을 옮기고 탁자와 의자를 빌리고 꽃을 들여왔다. 장식을 매달고 선물 포장 코너는 음식점으로 바꾸었다.

서점 주인인 애니와 조는 책 판매를 멈추고 결혼식 케이크를 날랐다. 특별하고 감동적인 행사였다.

북스 서점은 기쁨이 노력과 상상력에서 나온다는 사실을 잘 알려 주었다. 기쁨은 동참하기로 하고 "하겠어요"라고 말하는 데서 나온다. 애니와 조가 "그건 우리 소관이 아닌데요. 우리는 서점이지 결혼식장이 아니라고요"라고 말했더라면

훨씬 편했을 거다.

좋은 책들을 선보이는 일 외에도 북스 서점은 매주 재즈 밴드를 초청하고, 시 낭송회, 낚시 워크숍과 강연을 연다. 심지어는 애견의 날도 지정해 두었다. 내가 방문하기 전 일요일에는 5백 마리의 강아지들이 서점에 모였다고 한다.

중요한 건 우리가 무엇을 하느냐가 아니라 어떻게 하느냐이다. 서점 주인으로서, 선박 제조자로서, 베이비 시터로서 모두가 하는 일을 할 수도 있겠지만 상상력을 발휘해 볼 수도 있다.

요약하자면

기쁨은 해야 하기 때문이 아니라 스스로 원해서 하는 데서 온다. 즉, 자신의 일을 하면서 늘려 나갈 수 있다.

부자가 되고 유명해진다면 무슨 일이건 상관없어요

산스크리트어에는 '인생의 목적'이라는 의미로 '다르마'라는 말이 있다. 다르마의 법칙에 따르면 우리 각자는 타고난 재능이 있다. 이러한 재능을 표현했을 때 기쁨을 느끼게 된다. "무얼 얻을 수 있을까?" 대신에 "무얼 줄 수 있을까?"라고 질문하다 보면 그러한 재능을 발견하게 된다고 한다.

빌 게이츠는 세계 최고의 갑부 중 하나다. 그가 하는 말을 들으면 그는 돈보다 소프트웨어에 더 관심이 있는 것이 분명하다. 엘비스 프레슬리는 돈이 아니라 음반을 내고 싶어서 노래했다. 부자가 되는 건 목표가 아니라 부산물일 뿐이다.

대다수의 인기인들은 명성을 귀찮고 쓸데없는 존재로 여긴다. 모르는 사람들이 떼거지로 집 뒷담장을 오르길 바라는 사람이 있을까? 길 건너편에서 50명의 사진작가가 화장실 창문으로 망원렌즈를 맞추는 걸 누가 원할까?

모두가 사랑하는 일을 한다면 소는 누가 키우지?

전화도 걸려 오지 않는 야외에서 큰 트럭을 타고 컨트리 뮤직을 들으며 도로를 포장하는 일은 누군가에게는 소명이 아닐지라도 어떤 사람에게는 소중한 일이다. 그 일도 장점이 있기 마련이다. 이웃인 울프강 씨는 외과 의사다. 최근에 함께 볼로냐 스파게티를 먹으면서 그가 그날 오후에 집도한 재미난 치질 수술 이야기를 들려줬다. 엉덩이를 수술하는 내 모습을 상상하니 "울프강, 정말 웃긴 친구네" 하고 생각했다. 그런데 그는 농담하는 게 아니었다. 정말로 사람들을 수술하는 일에 열정을 가졌고 좋은 치핵을 사랑했다. 그가 치질을 설명할 때면 치핵이 살아 숨 쉬는 게 보이는 듯했다.

저마다 다른 일을 사랑한다. 우리는 각자 다른 걸음으로 다른 방향을 향해 움직이고 있다. 사랑하는 일을 하다 보면 같은 마음을 가진 사람을 만날 수도 있다.

좋아하는 일을 하면 문제가 없을까요?

아니! 인생의 목표는 문제없이 사는 게 아니라 신나게 사는 것이네!

돈을 벌 수 있는 최선은 좋아하는 일을 하는 것이다. 사랑은 힘이다. 사랑을 가지고 일하면 '양질의 에너지'가 주입되면서 에너지가 돈으로 변하게 된다. 그렇다고 해서 좌절과 고통이 전혀 없지는 않다. 나는 장밋빛 전망을 심어 주는 요즘 책들에 반감을 갖고 있다. 그들은 "꿈을 좇기만 하면 돈다발을 수레에 싣고 집으로 갈 수 있다"는 메시지를 준다.

즐겨야 이긴다

첫 책인 《즐겨야 이긴다》의 원고를 출판사로 들고 가면 모두가 하는 말이 있었다. "더 이상 자기 계발서는 필요 없어요." 또한 한 명을 제외한 모두가 정신과 의사만이 이런 책을 쓸 수 있다고 했다. 아, 내가 정신과 의사를 만나야 한다고 생각한 한 명은 제외하고.

일 년 반 동안 거절을 당하다가 싱가포르에 지점을 둔 미디어 마스터스 출판사를 만났다. 그 출판사는 출판 시장이 극도로 경쟁이 심하고 신문과 TV에서는 무명 작가에게 관심이 전혀 없다고 말했다. 전략이 필요한 시점이었다.

그래서 책을 대중에게 직접 보여 주기로 결정했다. 싱가포르에서 책을 처음 출간할 때 나는 이젤과 마이크를 챙겨 시내에 있는 거의 모든 서점에 갔다. 만화를 그리고 철학을 이야기하고 책에 사인을 했다. 고등학교와 대학교에서 학생들과 이야기를 나눴고 기업에서 직원들과도 대화를 나눴다. 이 전략은《즐겨야 이긴다》가 싱가포르 베스트셀러 대열에 오를 때까지 이어졌고 말레이시아, 호주, 그 밖의 다른 나라들에서도 마찬가지였다.

지구촌을 6년 동안 떠돌면서 여러 나라를 여행했다. 창고나 감옥에서 연설을 했고 천 개가 넘는 쇼핑 센터에서 그림을 그렸다. (다음 책은《전 세계의 쇼핑몰》로 할까?) 대부분 프로젝트에 열중했지만 "한 곳만 더 가도 토할 것 같아"라는 생각을 하며 호텔에서 깬 날들도 있었다.

한 서점에서 한 도시로, 한 도시에서 한 나라로, 그리고 마침내 책은 국제 시장에서 팔렸다. 그러자 점차 신문사와 방송국에서 우리를 부르기 시작했다.

세계를 돌아다니며 재미난 일이 많았다. 호주에서는 항공사가 파업 중인 와중에 홍보 행사를 치렀고 뉴질랜드에서는 라디오에 나가 그림을 그려야 했다.

미국에서《즐겨야 이긴다》를 출간할 때는 맨해튼 5번가에 있는 호주 대사관에서 칵테일 파티를 열었다. 미국 동부 연안에 위치한 신문사와 뉴스 보도국, 텔레비전 방송국, 라디오 방송국 등 가릴 것 없이 모조리 초대장을 돌리고 나서 200인분의 식사를 준비했다. 1990년 6월 20일, 출판기념회를 위해 뉴욕에 간 날이 하필이면 넬슨 만델라도 뉴욕에 온 날이었다.

어떤 매체가 넬슨 만델라보다 보잘것없는 앤드류에 더 관심을 보일까? 아무도 없었다.

열한 명의 웨이터들과 나 혼자서 칵테일 파티를 해 본 건 영원히 잊지 못하리라.

사람들이 "백만 부를 어떻게 파셨나요?"라고 물으면 답한다. "백만 마일을 날아다니고 오백 번 연설을 하고 천 번 인터뷰를 했어요. 짐을 스물세 번이나 잃어버린 건 덤이고요."

책이나 사업에 대한 이야기가 아니다. 성공이라고 부르는 경험을 말하는 거다. 언제라도 시작할 수 있다. 무슨 일이든지 할 수 있다. 하지만 그건 행운보다는 노력이다.

열정

자신이 하는 일을 소중히 여긴다면 열정이 우리를 인도한다. 열정을 가지고 있다면 어떤 자극도 필요하지 않다.

'꿈의 레스토랑'을 개업했는데 아무도 오지 않는다면 손님이 오도록 계속해서 새로운 요리법과 아이디어를 개발해야 한다. 돈이 떨어지면 자신보다 자금력이 풍부한 사람에게 열정을 보여 주고 동업을 제안할 수도 있다. 좌절을 겪고 몇 명의 요리사를 갈아 치우겠지만 마음속으로는 자신이 여전히 꿈을 향해 걸어 나가는 중이라는 걸 안다. 물론 그 과정에서 수많은 결단이 필요하겠지만, 당신의 열정이 단단한 뿌리가 되어 줄 것이다.

열정은 목적의식에서 나온다. 우리 자신에게서도 나오고 우리를 흥분하게 만드는 사람들에게서도 나온다. 물론 세상에는 활활 타 본 적도 없으면서 재로 변한 뜨뜻미지근한 사람들도 있다.

꿈을 좇는 일은 쉬운 여정이 아니다. 인생은 대개 힘들지만 바깥세상을 주유하다 보면 내면의 여행도 시작된다. 우리에게는 누구나 꽃을 피우고 진정한 자신을 찾을 기회가 온다.

요약하자면
우리는 나무가 아니라 인간이다.
빠져나가지 못하는 장소는 없다.

실패로 이끄는 변명

이 장을 읽으면서 화를 낼지도 모르겠다. "앤드류. 저도 좋아하는 일을 하고 싶어요. 하지만 당신은 내 사정을 모르잖아요."

이루지 못한 꿈이 있다면 어째서 그 꿈을 이루지 못했는지 자신의 변명을 분석해 보자. 보통 우리는 자신에게 솔직하지 못하다. 우리가 불가능하다고 하는 말은 사실 불편하다는 의미다.

메리가 말한다. "고고학을 무척 공부하고 싶었지만 당연히 불가능했지요." 하나 그녀의 말에 담긴 진짜 의미는 '고고학을 공부하기 위해서는 입학 자격을 갖춰야 하고, 식당에서 종업원으로 일해야 하고, 융자를 받고, 4년 동안 저녁 외식은 없는 모든 상황을 거쳐야 한다'는 뜻이다.

그녀는 고고학에 그만한 노력을 들일 가치가 없다고 판단한 것이다. 사실 메리가 하려는 말은 다음과 같다. "내가 그 모든 걸 하리라고 생각한다면 머리가 돈 게 틀림없지."

짐은 23년간 똑같은 말을 되풀이하고 있다. "나만의 작은 아파트를 갖고 싶어." 짐이 하려는 말은 '더 저축하지 않아도 된다면, 더 열심히 일하지 않아도 된다면, 또는 더 싼 아파트에 살지 않아도 된다면 아파트를 사겠다'는 말이다. 짐은 지금까지도 세 들어 산다.

메리와 짐은 옳다고도 그르다고도 볼 수 없는 판단을 내렸다. 아무래도 좋다. 다만 그들이 선택권이 없었던 사람인 양 구는 건 최악이다.

사람들은 직업을 바꾸기란 불가능하다고 단정한다. 주위 환경과 다른 사람들이 우리의 일을 좌지우지하게 내버려 두다 심장마비가 일어난 후에야 다른 태도를 보인다. 그제야 스스로 결정권을 쥔다. 왜 우리는 의사가 살날이 6개월밖에 남지 않았다고 말해야 하고 싶은 일을 시작할까?

실현 불가능한 꿈을 꾸나요?

인간은 놀라운 일을 해낸다. 하나의 다리와 양손이 붙어 있지 않은 두 팔을 지니고 태어난 미국인 로저 크로포드를 보자. 그는 프로 테니스 선수다. 그는 스스로 프로의 지위에 올랐으며 테니스 코치로 일하며 돈을 벌었다. 그의 책《마음으로 하는 경기Playing from the Heart》에서 그의 이야기를 읽을 수 있다. 그는 우리에게 한계란 무엇인지 다시 한번 생각하게 만든다.

캘리포니아 펀데일에 사는 디지털 댄은 후두암에 걸려 성대를 제거하기 전까지는 목수였다. 더 이상 말할 수 없게 되자 그는 디제이가 되었다. 그가 노트북에 하고 싶은 말을 입력하면 노트북이 대신 말해 준다.

꿈을 이루어 낸 사람들이 가진 공통적인 특징은 바로 훨씬 뒤처진 상황에서 시작했다는 점이다. 병약한 천식 환자가 육상 챔피언에 오르고 파산한 사람이 재벌이 되기도 한다. 불법 이민자들이 대학교수와 회사 사장이 된 사례도 무수히 많다.

사람은 가능성이 희박할수록 살아남기 위해 강인한 정신력을 발휘한다. 살기 위해 발휘하는 힘은 비장의 무기이다.

요약하자면

우리에게는 언제나 선택의 여지가 있다. 그럼에도 우리가 무언가를 하지 않는 건 에너지를 다른 곳에 쓰고 있기 때문이다. 문제는 "왜 불가능한가요?"가 아니라 "왜 이 일을 하지 않으려고 하는가?"이다.

"이 일을 하겠어요. 아무리 힘들어도 상관없어요"라고 말할 때 삶이 우리를 돕기 시작한다.

7장

성공은 신이 아니라
우리 자신이 만든다

신이 하늘에서 내려와 "이제 당신은 성공할 거야!"라고
말해 주는 일은 절대 일어나지 않는다.

ANDREW MATTHEWS

우선 시작하자!

지혜로운 자는 생각만 하지 않는다. 먼저 행동한다.
-카를로스 카스타네다

앞으로 하게 될 일에서 미리 명성을 쌓을 수는 없다.
-헨리 포드

이런 일을 경험한 적 있는가? 집이나 회사에서 책상에 앉아 있는데 전화벨이 울린다. 전화한 사람이 연락처를 남겨 달라고 요청한다. 당신은 상대방에게 양해를 구한다. "잠시만요. 메모할 필기구를 찾아야 하거든요." 그러고는 연필을 찾으면서 책상 주변에 널려 있는 쓰레기 더미를 뒤지기 시작한다. 병원 영수증, 비행기표, 보험 증권, 피자 상자, 코감기약, 커피 잔, 낡은 신문지까지. "기다리시게 만들어서 죄송해요. 여기 어딘가에 연필이 있었거든요."

서랍장 속을 탈탈 헤집으니 손전등 건전지, 이쑤시개, 골프 티, 다이어트 책자, 결혼 사진, 홍콩에서 쓰다 남은 잔돈, 아이용 크레파스가 나온다. 아, 크레용으로 쓰면 되겠군! 결국 레몬색으로 번호를 휘갈겨 쓰고 전화를 끊는다.

그리고 생각한다. "드디어 보험 증권을 찾았으니 서류철을 만들어 잘 보관해야겠다." 비행기표도 '여행' 파일에 철하고, 커피 잔은 식기세척기에 넣는다. 순식간에 탄력을 받아 지우개는 서랍장 맨 위쪽 칸에, 전화번호부는 선반에 놓고 피자 상자는 쓰레기통에 버린다. 전화기에 묻은 초콜릿 캐러멜까지 닦아 낸다.

그러자 갑자기 목표가 생긴다. "사무실을 깨끗하게 정리해야지." 청소 욕구가 넘실거리자 계획을 세우기 시작한다. "새 파일들은 색깔별로 분류해 라벨을 붙여야지. 볼펜만 넣는 통을 준비하고, 쓰레기통은 매주 비워야겠어." 이제 당신은 사무용품보다 더 큰 목표에 착수했다. 바로 세계에서 제일 깔끔한 작업실을 만드는 것이다. 자정이 되어서 연필 열두 개를 찾아냈지만 중요하지 않다. 이미 청소기와 충분히 재미를 보는 중이니까.

사무실 청소 법칙은 논문을 쓰고, 도랑을 파고, 세금을 계산하고, 세차하는 일에도 적용된다. 우리는 시작한 후에야 자신이 하는 일에 흥미가 생긴다. 도전하고 나면 에너지와 열정이 솟아난다.

우리는 흔히 이렇게 말한다. "힘이 생기면 매일 아침 조깅할 거예요." 틀렸다! 먼저 시작해라. "하고 싶은 마음이 들면 숙제할 게요." 안 돼. "여력이 있으면 작은 사업을 해 볼까 해요." 아니다.

일단 시작하면 에너지와 열정이 따라온다. 뛰어들면 에너지가 생긴다. 비결은 시작에 있다.

시작에 관해 한마디 더 하자면 어떤 일도 절대 완벽하게 준비할 수 없다. 예를 들어 항상 백 퍼센트 준비된 상태에서 연설을 했는가? 아닐 거다. 수없이 다시 써 봐도, 아무리 오랫동안 연습해 왔어도 "조금만 시간이 더 있었더라면……" 하고 말할 거다. 결혼 생활을 보자. 평생 결혼에 대한 준비를 마칠 날이 올까? 결혼 후 일어날 일들에 전부 준비가 되었을까? 천만에! 최선을 다해 준비해라. 그러고 나서 크게 심호흡하고 뛰어들어라.

프레드가 말한다. "제가 실패하지 않을 거란 확신을 주세요. 그래야 시작할 수 있을 것 같아요." 아니, 프레드. 일을 하겠다고 마음먹어. 일하겠다고 마음먹었다면 노력해서 준비한 다음에 정답과 확신을 구하지 말고 일단 시작해.

요약하자면

생각이 아닌 행동이 의욕을 불러온다. 행동이 우리를 자극하고, 기회를 포착한다. 시도해라.

진지하게 말하고 행동하자

동기를 부여하는 사람들과 심리학자들은 모두 자기 자신을 믿으라고 말한다. 맞는 말이다. 다만 '스스로'를 믿기 전에 우선 '스스로가 한 말'을 믿을 수 있어야 한다.

수많은 사람들이 약속하고 책임지는 일에는 취약한 모습을 보이곤 한다. 어떤 일을 하겠다 말한 뒤 지키지 않는다. 당신을 도와주겠다고 약속하더니 정작 도움이 필요할 때는 낚시터에 가 있다. 요금을 납부하겠다고 하더니 찾아보면 이미 이 나라를 떠나고 없다. 그러면서 이상하게 자신의 삶이 잘 풀리지 않는다고 의아해한다.

당신이 끝까지 해낼 수 있을 거라 생각될 때만 하겠다고 다짐해라. 필요할 경우 약속과 다짐도 줄여라. 대신 한번 하겠다고 내뱉은 것은 꼭 해야 한다. 그러면 당신이 한 말이 차츰차츰 당신을 위한 법이 되고, 마침내 당신은 진정으로 스스로를 믿게 될 것이다.

두려움을 넘어서는 용기

편안함은 하인으로 출발해 주인 행세를 한다.

-칼릴 지브란

빗속에서 노래하는 가사를 쓰는 사람이 실제로 비에 몸이 젖으면 신음한다. 뱀과 거미가 우글대는 곳에 무릎까지 빠져 걸어가는 인디아나 존스를 보며 좋아하는 사람이 정작 사무실 에어컨이 고장 나면 폭발한다. 만약 우리가 모험 영화를 더 적게 봤다면 실제 일상 속에서 모험을 찾아 나섰을지도 모른다.

'편히 해라'라는 말은 과대평가되었다. 지금은 '돈'이 아닌 '상황'과 관련된 편안함을 말하는 거다. 편안함에 중독되면 스트레스가 생기기 시작한다. "비행기는 언제나 제시간에 와야 해. 일감은 가벼워야 하고, 마이너스 통장을 개설하는 절

차가 복잡해서는 안 돼."

지나친 편안함은 일을 지루하게 만든다. 뇌가 멈추어 버린다. 삶은 마땅히 이래야 한다고, 우리는 이렇게 느껴야 한다고 하는 법칙을 적게 만들어야 무슨 일이 일어나도 수월하게 대응할 수 있다.

꿈을 이루기 위해서는 때때로 불편할 수밖에 없다. 거절당하고, 비난받고, 돈이 떨어지며 지쳐 버린다. 역경이 온다면 과정의 일부로 여기자. 감탄해 보자, 재미있어하고, 빠져들자. 어려운 상황에서도 희망은 있다.

편안함에 관한 사실 한 가지를 더 알아보자. 가끔 용기가 IQ보다 더 보상받는다는 사실에 사람들은 좌절한다. 프레드가 말한다. "난 뛰어난 지능을 가졌고 학위도 두 개나 있는데 어째서 덜 똑똑한 사람들이 나보다 더 좋은 직장을 가지고 돈을 더 버는지 모르겠어요." 대체로 명성이나 돈, 혹은 두 가지 모두를 내걸어야 보상이 주어진다.

요약하자면

용기는 두려움이 없는 게 아니라 두려움에 맞서는 것이다. 평생 아무것도 하지 않는 사람들은 큰 위험을 감수하는 사람들과 마찬가지로 두려움에 질려 있다. 단지 그들은 작은 일도 두려워한다. 차라리 큰일을 두려워하는 게 낫지 않을까?

"나를 존경하고 친절하게 대하는 사람들에게서 교훈을 얻었는가? 나를 거부하고 배척하는 사람들에게서 중요한 교훈을 얻은 적은 없는가?"

—월트 휘트먼

우리는 듣고 싶은 말을 해 주는 친구와 동료 사이에 있고 싶어 한다. 그들은 일이 어긋나도 "네 잘못이 아냐"라고 말해 줄 거다. 그런데 불편하겠지만 우리를 시험에 들게 하는 사람들을 곁에 두는 건 그만한 가치가 있다.

입장을 분명하게 밝히자

"망해 가는 것처럼 느껴진다면, 아마 당신의 느낌이 맞을 것이다."

-친닝추

'마음 가는 대로 해라'는 나약해지라는 말이 아니다. 세상은 험난하고 자연법칙은 준엄하다. 약한 양은 여우에게 잡아먹힌다. 약한 사람들도 마찬가지다! 약하면 여우가 쉬운 사냥감으로 생각해서 노리고 문다.

어느 날 한 개구리가 개울가에 앉아 있었다. 전갈이 다가와 말했다. "개구리 님, 개울을 건너고 싶은데 전 전갈이라서 수영을 하지 못해요. 저 좀 등에 태워서 건너편에 데려다주시겠어요?" 그러자 개구리가 말했다. "하지만 당신은 전갈이잖아요. 전갈은 개구리를 물지요." 전갈이 말했다. "건너편에 가야 하는데 제가 왜 개구리 님을 물겠어요?" "좋아요. 제 등에 타세요. 데려다드리죠." 개울을 반쯤 건넜을 때 전갈이 개구리를 물었다. 고통으로 몸부림치면서 마지막 숨을 내쉬던 개구리가 말했다. "왜 그랬어요! 우리 둘 다 익사하고 말 거라고요!" 전갈이 말했다. "왜냐면, 나는 전갈이거든요. 전갈은 개구리를 물지요."

전갈을 조심해라. 우리를 끌어내릴 수만 있다면 자신이 빠져 죽는 것도 개의치 않는 사람들이 있다.

어떤 사람들은 피해야 한다. 반면 어떨 때는 맞서 싸워야 한다. 그 기준은 뭘까? 자신에게 물어보자. "무엇이 공평한가." 그러고 나서 입장을 정하고, 다른 사람들이 나를 좋아하건 나를 착하다고 생각하건 상관하지 마라.

모두가 나를 좋아하게 만들거나 나에게 동조하길 바라다가는 진이 빠진다. 결국엔 그들도 나를 좋아하지 않고 내가 누구인지 도무지 알 수 없게 된다.

결론을 내리자면 우리는 우리 내면의 지침을 따라야 한다. 다른 말로, 마음 가는 대로 해야 한다.

새로운 일에 도전하는 법

늘 하던 일을 하면 늘 얻었던 결과를 얻는다.

'용기' 있는 사람들에게 어떻게 직장을 그만두고, 사업을 시작하고, 부동산을 사고, 이민을 가고, 새로운 일을 하는 용기를 내는지 물어보면 공통점을 찾을 수 있다.

그들은 자신에게 질문을 한다. '최악의 일이 벌어지면 내가 대처할 수 있을까?' 만일 대답이 '할 수 있다'라면 도전한다. 큰 위험이건 작은 위험이건 같은 방법을 쓴다.

예를 들어, 테드는 아파트를 사야 할지 마음을 정하지 못했다. 그가 묻는다. "아파트를 살 경우 일어날 수 있는 최악의 상황은 뭐지?" 만일 답이 "직장을 잃고 손해를 보고 아파트를 팔아야 한다. 저축을 까먹고 다시 처음부터 시작해야 한다"라면 그는 "다시 시작하는 건 힘들겠지만 어떻게든 할 수 있을 거야"라고 말하며 아파트를 산다.

다른 예로, 이안은 제인에게 데이트를 신청하고 싶다. 그가 자신에게 묻는다. "이때 일어날 수 있는 최악의 상황은 뭐지?" 만일 답이 "그녀가 마시던 콜라를 얼굴에 뿌릴지 몰라"라면 그는 "그 정도 대접은 익숙해! 물어보자!"라고 생각한다.

세 번째 예로, 루이즈는 의학을 때려치우고 고고학을 공부하고 싶어 한다. 그녀가 자신에게 묻는다. "일어날 수 있는 최악의 상황은 뭘까?" 만일 답이 "아빠가 지붕이 부서질 정도로 화를 내고, 친구들이 미쳤다고 말하고, 두 배는 더 열심히 공부해야겠지"라면 그녀는 이렇게 말한다. "그게 최악이라면 감내할 수 있겠어."

요약하자면

"일어날 수 있는 최악의 상황은 무엇인가?"라는 말은 부정적인 질문이 아니다. 우리가 일에 대해 얼마나 열의가 있는지를 측정하는 한 가지 방법이다. 우리가 느끼는 막연한 두려움을 구체적인 가능성으로 만들고 나면 모험이 더 흥미로워질 것이다.

운동을 해야 하는 이유

궁수가 마음을 비우고 쏘면 제 기량이 모두 발휘된다.
메달을 따기 위해 쏘는 순간 초조함에 잡아먹힌다.
상금이 그를 분열시키고, 그는 주위를 신경 쓴다.
활쏘기보다 승리를 더 바라자 이겨야 된다는 생각이
그에게서 힘을 뺏어 갔다.

-장자

한 번이라도 방망이를 휘두르거나 공을 차 본 적이 있다면
스포츠가 게임 이상의 의미를 가진다는 걸 알고 있으리라. 또
한 어째서 회계사, 버스 운전사, 신경외과의사,
계산대 점원을 비롯한 다 큰 어른들이
뜨거운 태양과 폭우 속에서도 주말
마다 공을 차는지 이해할 것이다. 스
포츠는 즐거움을 넘어 우리에게 개
인의 힘이 무엇인지 가르쳐 준다. 우
리가 배우는 것들을 살펴보자.

• 현재에 집중해야 한다

너무 많은 생각들이 떠오르겠지만 점수를 잊고 있을 때 가장 멋진 골을 넣고, 가장 좋은 공을 날리고, 가장 좋은 슛을 던진다. 승리와 다른 사람들의 생각에 대한 걱정을 떨칠수록 더 좋은 성과를 낼 수 있다.

• 억지로 한다고 되는 것이 아니다

진정한 힘은 편안한 마음에서 나온다. 마음을 비우고 힘껏 페어웨이로 골프공을 날려 봐라! 자신이 강하다는 걸 증명하려 하지 않을 때 가장 강한 힘이 나온다. 이는 사람을 다루는 일에도 똑같이 적용된다.

• 여유를 가져라

화를 내는 것은 도움이 되지 않는다. 골프 선수가 화내는 걸 본 적 있는가? 그 순간 망한 거다. 복싱 선수와 카레이서가 화를 내면? 죽은 목숨이나 다름없는 것이다. 이는 부모와 교사도 마찬가지다.

• 상대를 증오하기보다는 기량을 끌어올려라

증오는 에너지를 잡아먹고 당신이 진짜 하려던 일에서 멀어지게 한다.

• 세상이 적이라고 생각하면 그렇게 된다

다른 사람들을 탓하는 것은 도움이 되지 않는다. 일단 잘못되고 있다고 생각하면 심판, 바람, 공, 너 나 할 것 없이 내 삶을 망치려고 할 것이다. 성공한 운동선수는 유능한 사람들과 마찬가지로 최대한 자신이 책임을 진다. 엄마 탓을 하지 않는다는 말이다.

• 훌륭한 성과는 훌륭한 노력에서 시작된다

구경꾼들은 마이클 조던이나 슈테피 그라프가 그저 재능을 타고났다고 생각한다. 하나 다른 많은 사람들 역시 재능을 가지고 태어난다. 자세히 살펴보면, 스타들은 그 누구보다 스스로에게 더 많은 노력을 요구한다는 사실을 알 수 있다.

• 우리는 스포츠에서든 인생에서든 원하는 것에 집중해야 한다

테니스의 더블 폴트, 골프의 워터 해저드, 야구의 캐치 미스와 같이 어떤 일이 일어나지 않기를 바라면 그 일은 더더욱 일어나고야 만다. 왜냐고? 우리의 마음이 그렇게 만드니까!

우리는 말한다. "공이 네트에 걸리면 안 되는데." 그러면서 마음속으로 공이 네트에 가는 그림을 그린다. 오로지 공을 잘못 보내는 것만 상상했으니 실제로도 그렇게 된다.

이는 스포츠에서뿐만 아니라 면접 시험을 보거나 연설을

하거나 우리가 성과를 내려고 하는 동안 사신처럼 우리를 따라다닌다. 두려워하는 것에 초점을 맞추어 생각하면 그것이 현실이 되어 재난으로 가는 문이 열린다. 그러므로 원하는 것에 집중해야 한다.

요약하자면

아이들은 트로피를 얻기 위해서가 아니라 교훈을 얻기 위해 운동해야 한다.
가장 중요한 건 어디서 시작하는지가 아니라 어떻게 끝마치냐이다.

왜 안 된다고 생각하는가?

어렸을 때는 추기경, 주교, 장관, 정치가, 경제 지도자 등
정상에 선 사람들이 모든 것을 이해하고 있다고 생각했다.
그런데 내가 그 자리에 서고 보니 그들도 모른다는 것을 알게 됐다.
-데이비드 마호니

어렸을 때 우리 가족은 저녁의 집에 방문하곤 했다. 그 집
냉장고에는 언제나 코카콜라가 있었다(엄마 말로는 그들이 부자
이기에 그렇다고 했다. 우리 집에는 물밖에 없었다). 그래서 나는 콜
라가 있는 집은 성공한 집이라고 생각했다. 그러다 하루는 우
리 집 냉장고에서 콜라를 보았다. 그제야 나는 코카콜라가 있
다고 슈퍼스타가 되는 것은 아니라는 사실을 깨달았다.

한때는 정장을 입은 사람들이 대단히 성공한 사람들처럼
보였다. 아빠가 정장을 입는 날에는 꼭 장례식에 참석했는데
그런 경우는 제외했다. 그러다 차츰 정장을 입었다고 해서 천
재가 되는 건 아니라는 것을 깨달았다.

12살 때는 호주의 수상이 되고 싶었다. "수상이라면 모든 것을 알고 있겠지." 그 생각은 커 가면서 자연스레 사라졌다.

책을 쓰기 전까지는 작가들은 모든 지식을 알아야만 한다고 생각했다.

내가 그랬듯이 어쩌면 우리는 때때로 모든 질문에 답할 수 있는 전문가들이 존재할 거라 생각할지도 모르겠다. 하지만 그런 사람은 없다. 성공한 사람들은 초인이 아니다. 그들이라고 해서 뇌가 두 개이거나, 하루가 48시간이라거나, 팔다리를 서너 개씩 가지고 있는 것은 아니다. 다른 점이 있다면 그들은 기술과 방법을 연마해서 시장에 내놓았다는 점이다. 우리도 기술과 방법을 연마해서 시장에 내어놓을 수 있다.

요약하자면

특별히 성공할 운명을 가지고 태어난 사람은 없다. 신이 하늘에서 내려와 "이제 당신은 성공할 거야!"라고 말해 주는 일은 절대 일어나지 않는다. 또한 "할 수 있어"와 "할 수 없어"라는 말도 하지 않는다. 우리 스스로 해야 한다!

학생이 준비가 되면 선생님이 들어온다

우리가 삶을 바꾸거나 목표에 다다르기 위해 온 마음을 다하면 우리를 도울 수단이 눈앞에 모습을 드러낸다. 사람들이 찾아오고, 친구가 책을 빌려주고, 광고가 눈에 들어오고, 알맞은 때 알맞은 자리에 가게 된다. 기회를 더 잘 인식하게 되는 걸까? 아니면 말 그대로 기회를 불러들이는 걸까? 둘 다다.

1983년 10월 19일, 나는 어떤 노력을 다해서라도 지난 25년보다 더 행복한 사람이 되겠다고 마음먹었다. 삼 일 후, 한 번도 들어 본 적 없던 라디오 방송을 무심코 켰다가 어떤 강의를 알게 됐다. 바로 강의를 들었고, 나는 인생의 전환점을 맞이했다.

내 경험은 특이하지 않고 평범한 축에 속한다. 여기서 핵심은 '다짐'이다. 다짐이란 무언가를 원하는 게 아니라 무슨 일이 있어도 해내겠다는 깊은 결단력을 의미한다.

요약하자면

일단 무엇을 할지 결정하고 나면 방법이 보인다. 이러한 행운을 우연으로 치부하기도 한다. 하지만 자세히 관찰해 보면 이런 일은 우리에게 자주 일어난다.

8장

세상에
맞서 싸우지 마라

내버려 두어야 저절로 풀리는 일들도 있다.

도무지 걱정을 하지 않을 수가 없어.
우리 가족은 대대로 걱정을 사서 해 왔다고!

행운과 불행의 상관관계

옛날에 한 농부가 살았다. 그에게는 아들 하나와 말 한 마리가 있었다. 어느 날 말이 도망치자 이웃들이 몰려와 그를 위로하며 말했다. "말이 달아나다니 참 운도 나쁘지." 그러자 그가 대답했다. "행운인지 불행인지 누가 알겠소." 이웃들이 말했다. "당연히 불행이지."

한 주가 지나자 말이 돌아왔는데 야생마 스무 마리가 뒤따라 들어왔다. 이웃들이 축하하러 모인 자리에서 말했다. "말이 돌아온 데다가 새로운 말까지 더 생겼으니 참 운이 좋군요." 그러자 그가 대답했다. "행운인지 불행인지 누가 알겠소."

다음 날, 농부의 아들이 야생마를 타다가 떨어져 다리가 부러졌다. 이웃들이 그를 위로하며 말했다. "참 안타깝네." 그러자 그가 대답했다. "행운인지 불행인지 누가 알겠소." 몇몇 이웃들이 화난 목소리로 말했다. "당연히 불행이지, 이 어리석은 늙은이야."

한 주가 또 지났다. 군대가 마을로 들어와 건강하고 젊은 사내들을 먼 땅에서 싸우도록 징집 명령을 내렸다. 농부의 아들은 다리가 부러졌기 때문에 집에 남을 수 있었다. 모든 이웃이 축하하면서 말했다. "아들이 무사하니 얼마나 다행이오." 그러자 그가 대답했다. "누가 알겠소?"

우리는 평생을 이해득실만 따지며 보낼 수도 있다. "이건 좋고, 저건 나쁘고." 그건 의미 없는 짓이다. 우리는 1퍼센트만 나쁘게 보여도 '재난'이라는 딱지를 붙인다.

우리가 모든 게 엉망이라고 믿는 한 모든 건 계속해서 엉망일 것이다. 발을 차고 소리를 지르며 하루를 보내면 아무 일도 되지 않는다. 그러나 관점을 달리하는 순간 모든 게 변한다.

비행기를 놓치고서는 말한다. "끔찍하군. 사람들이 기다리고 있으니 빨리 가야 하는데. 그 비행기를 탔어야 했어." 이런 생각을 하는 동안 사람들이 내 발에 걸려 넘어지고, 내 무릎에 커피를 쏟고, 짐을 잃어버리는 상황이 일어난다. 세상과 맞서 싸우면 세상이 항상 이긴다.

"세상에 우연이란 없어. 지금 내가 있어야 할 마땅한 자리에 있는 거야"라고 말하자마자 세상일이 술술 풀려 나가리라. 옛 친구를 만나고, 새로운 친구를 사귀고, 시간을 내 책을 읽고, 인생이 나아지기 시작한다.

논리적인 사고가 언제나 도움이 되는 것은 아니다. 어느 직장에 지원했다가 떨어졌다고 치자. 만일 "그 직장에 합격했어야만 했어. 자격도 경험도 충분했었는데…… 이제 내 삶은 망했어"라고 말한다면 당신은 만신창이 신세를 벗어날 수 없다. 일주일 동안 절망에 빠지는 건 물론 원한다면 평생 동안 절망 속에 있을 수도 있다. 논리적으로 아무리 멋지게 항의해 봐라. 항의가 옳을지라도 삶은 변함없다. 왜냐하면 삶은 논리적이지 않으니까!

마음의 평화를 더 가지길 원한다면 선악으로 세상일을 구분 짓지 마라. 딘 블랙이 《우물 안 개구리The Frogship Perspective》에서 이야기한 두 가지 실화를 인용하겠다.[2]

'열여섯 살 올스타 농구선수는 농장에서 사고로 두 다리를 잃었다.'

'평생 맹인으로 산 중년의 남성이 시력을 되찾았다.'

커트 브링크맨은 뛰어난 휠체어 운동선수가 되고 나서 말했다. "다리를 가지고 있던 때와 마찬가지로 지금 상황에 금방 적응하고 있어요. 다리가 여전히 있다면 제가 어떤 선수가 됐을지 모르겠어요. 하지만 지금까지 해 온 노력이 있잖아요. 저는 제가 뭘 하고 싶은지 알아요. 너무 신나는 일이에요. 전혀 달라질 건 없어요."

한편, 52세의 남성은 의사의 수술 덕에 시력을 회복했다. 심리학자인 리차드 그레고리는 말했다. "맹인이었지만 그는 행복했어요. 그러다가 마침내 눈을 뜨자 과거에 그가 일군 모든 성과가 미천하게 느껴지고 자신이 멍청하게 보였던 거죠."

그 남자는 실망감에 빠져 지내다 우울증으로 1년 만에 죽었다.

세상을 바라보는
두 가지 방식

세상을 바라보는 두 가지 간단한 방식을 살펴보자.

· 세상은 엉망진창이다.
· 세상은 살 만하다.

"세상은 엉망진창이다"

누구는 사기를 치고 도둑질을 하고, 누구는 게으르고, 누구
는 너무 많이 먹거나 낭비가 심하고, 누구는 캐비어를 먹고
누구는 고작 콩을 먹는다고 괴로워하면서 세상일에 결점만
찾는 건 너무 많은 에너지가 든다. 또, 그런 비난은 자기 자신

도 불행하게 만든다.

우리는 캘커타의 기근을 지적하면서 말한다. "세상이 잘못 돌아가고 있어." 그건 스스로 삶을 제대로 살지 않는 변명일 뿐이다. 인디언이라면, 혹은 캘커타에 살며 인디언을 돕고 있다면 아마도 상황을 이해할지도 모른다. 하지만 멀리서 잘 알지도 못하는 상황을 판단하는 건 아무 의미 없는 일이다. 상황이 나아지도록 무언가를 하는 건 다른 종류의 문제다. 어쨌든 고민만 하는 건 도움이 되지 않는다. 마더 테레사처럼 선행을 베푸는 사람들은 고민에서 나아가 행동한다.

"세상은 살 만하다"

다른 대안은 세상을 있는 그대로 받아들이는 것이다. "세상이 좋은 곳이라는 근거가 어디에 있죠?"라고 말할지 모른다. 증거는 도처에 있다. 달은 지구 주위를 돌고, 지구는 태양 주위를 돈다. 장미가 피어나고 새들이 노래하고 사람들은 결혼하고 이혼하고 이웃들은 싸운다. 이 모두가 위대한 계획의 일부분이다.

"사람들은 아파선 안 돼요. 사람들은 거짓말해선 안 돼요"라는 말은 "태양이 너무 커요"란 말과 같다. 만물은 순리대로 흘러간다.

메리가 말한다. "세계에 평화가 오지 않는다면 결코 행복할 수 없어요." 고귀하게 들리지만 똑똑한 생각은 아니다. 행복하게 지내면서 자신이 속한 세상의 조그마한 부분부터 평화롭게 만들어 나가자. 세상을 있는 그대로 바라보면서 세상일을 개선하려는 책임감을 가질 수 있다.

이것만 아니라면 행복할 텐데

은퇴한 행정가가 내게 말했다. "전엔 백만 달러짜리 사업에 대해 고민하곤 했죠. 이제는 더러운 창문을 닦고 잔디를 깎는 일 때문에 스트레스받고 있어요. 큰 걱정이 없어지다 보니 별 가치도 없는 작은 일들을 걱정하고 있습니다."

맞다. 우리는 걱정거리를 찾는다. 비행기를 열두 시간이나 타야 한다고 생각해 보자. 편안히 쉬면서 조금이라도 잠을 자는 게 간절하다. 그런데 옆 좌석 사람이 정확하게 6초마다 코를 곤다는 걸 알아챘다. '하나, 둘, 셋, 넷, 다섯, 쿵. 하나, 둘, 셋, 넷, 다섯, 쿵······.' 믿을 수 없다. 그는 거의 코 골기 메트로놈이다.

"이 멍청한 자식을 참지 않아도 된다면 행복할 텐데."

그때 뒷자리에서 아기가 자고 있는 걸 깨달았다. 곧 아기가 말똥말똥 깨더니 울어 대기 시작한다. 쉬지 않고 날아가는 비행기 안에서 쉴 새 없이 우는 아기를 피할 수는 없다. "이런데도 코를 고는 사람을 걱정했다니…… 나쁜 습관은 참아도 크게 우는 아기는 참을 수 없어. 왜 화가 나는지 알겠군."

상황은 최악으로 치달아 간다. 예고도 없이 비행기가 흔들리더니 수직으로 낙하한다. 피가 역류하고 내장이 입 밖으로 나올 것 같다. 온통 비명 소리다. 구명조끼를 찾으며 신께 빌기 시작한다. "이 추락에서 저를 구해 주신다면 코 고는 사람에게 불평하지 않겠습니다. 유럽까지 가는 동안 즐겁게 비명 지르며 우는 아기를 견뎌 낼게요."

이내 비행기가 수평을 찾더니 상승하기 시작한다. 기장이 난기류로 인한 소동을 사과한다. 아기는 울음을 그쳤고 코 고는 사람은 잠에 들었다. 당신은 평화롭게 낱말 맞추기 퍼즐을 푼다. 그랬더니 짜잔! 옆 사람이 다시 코를 곤다. "오, 제발. 이걸 견디지 않아도 된다면 행복할 텐데."

삶은 다 그렇다. 걱정에도 계급이 있어서 우리는 가장 중요한 사실부터 걱정한다. 다리가 부러졌다면 두통은 별 걱정거리가 아니다. 침실에 불이 나는 문제에 비하면 코 고는 남편은 괴로운 것도 아니다.

어떻게 하면 덜 짜증 날까? 우리 머릿속에 있는 규칙이 스트레스를 만든다. 그러므로 규칙을 느슨하게 만들거나 다 버린다면 더 이상 세상이 우리의 규칙을 무시한다고 짜증 부릴 일이 없을 것이다.

우리는 의식적으로 생각을 조정해야 한다. "아무도 내 하루를 망칠 수 없어." 자신과 약속해라. "거만한 은행원, 주차 안내원, 교통경찰, 시비조의 종업원이 내 24시간을 망치도록 두지 않겠다." 세상을 살다 보면 계산대 점원의 무례함은 그다지 큰일이 아니라는 사실을 알게 될 것이다.

왜 생각을 조절하는 방법을 배워야 할까?

두 가지 이유에서다.

· 환경, 날씨, 나에 대한 다른 사람의 생각을 조절할 수 없다. 우리가 완전하게 조절할 수 있는 데다가 가장 중요한 것은 오로지 자신의 생각뿐이다.

· 외부 상황이 우리를 행복하게 해 주지 않는다.

"······만 있다면 행복할 텐데"라는 말은 틀렸다. 24시간 동안은 행복할지 모르지만 곧 불평할 또 다른 무언가를 찾아낼 것이다. 신형 포르쉐를 염원했더니 하늘에서 포르쉐가 떨어졌다. 뛸 듯이 기쁘다. 차를 타고 슈퍼마켓에 갔는데 어떤 아이가 쇼핑카트로 차를 쳤다. 이제 나는 말한다. "요 어린 녀석을 잡기 전까지는 행복할 수 없어."

지난주에 우리를 괴롭혔던 사건을 떠올려 보자. 교통 체증에 시달리고, 남자친구는 생일을 까먹었고, 누가 지갑을 훔쳐 갔다. 그런데 괴로운 건 그런 일 때문이 아니라 우리의 생각 때문이다. "누구라도 화났을 거라고요"라고 말할지 모른다. 아니, 모두는 아니다. 일생 동안 우리는 조건 반사적으로 어떤 일에 관해 특정한 생각을 하곤 했다. 그러한 생각들이 우리를 불행하게 만들지만 우리는 생각을 바꿀 수 있다.

요약하자면

생각을 바꾸면 삶의 질이 높아진다. 또한 생각이 바뀌면 감정 역시 달라진다.

마음의 평화를
가지자

왜 평화를 원하는가?

대부분의 사람이 삶 속에서 더 많은 사랑을 원한다는 데
동의한다. 그런데 왜 마음의 평화를 가져야 하지? 왜냐하면
사랑과 평화는 뗄 수 없는 사이이기 때문이다. 사랑은 감정이
아니다. 사랑은 이성 친구를 소유하는 일이 아니다. 사랑은
편견 없이 경험하는 것이다. 사랑을 추구한다면 평화를 얻게
될 것이다. 반대로 평화를 추구한다면 사랑이 당신을 기다릴
것이다.

평화는 신경 안정제가 아니다. 평화는 균형이다.

무예가가 처음으로 배우는 가르침은 균형이다. 가라테에서는 힘이 균형과 평정심에 달려 있다고 배운다. 지나치게 흥분하면 승리와 멀어진다. 골프 선수들 역시 균형을 이해하고 있다. 분노로 가득한 스윙은 점수를 내지 못한다. 긴장을 풀고 힘을 느끼고 잡념을 비우고 나면 성공한다. 이 모든 것이 한꺼번에 이루어져야 한다.

균형 혹은 마음의 평화는 힘의 원천이다. 평화롭다는 건 잠에 든 상태가 아니다. 평화로움은 맞서 싸우기보다 힘과 조화를 이루는 걸 의미한다. 평화로움은 더 큰 그림을 보며 자질구레한 사항에 매달리지 않는 것이다.

차 할부를 갚고 나면 더 평온할 텐데

프레드가 말한다. "먼저 요금을 내고 난 이후에 평화를 찾아볼게요." 이론상으로는 맞지만 결과는 대개 실망스럽다. 왜냐하면 인생의 가장 큰 목적은 대출을 갚거나 수영장을 넓히는 일이 아니기 때문이다.

우리는 서로 도와야 한다. 그래서 우주는 두 가지 단서를 준다.

· 우리는 다른 사람들의 삶을 도울 때 가장 행복하다.
· 개인의 안전만을 추구하다 보면 가장 외로워질 것이다.

만일 확실한 안정을 원한다면 당신은 잘못된 행성에 살고 있는 것이다.

프레드가 말한다. "교외에 집 하나와 은퇴 후를 대비해 모아 둔 돈이 있다면 마음이 놓일 텐데." 알았어, 프레드. 그런 건 교차로에 서서 버스 꽁무니에 대고 얘기해. 안정은 자신 안에 있다. 다른 곳에 있는 안정은 믿을 수 없다. 은행이 파산하고, 회사가 사라지고, 비행기가 하늘에서 떨어지는 세상이다.

그러면 삶의 불확실성에 어떻게 대처해야 할까? 받아들이고 즐겨라. "인생을 사는 재미의 반은 다음에 어떤 일도 일어날 수 있다는 사실을 아는 것이다." 자신과 약속해라. "어떤 일이 벌어져도 대처할 수 있어." 두려움이 엄습하면 말해라. "집이 불에 탄다면 이사하면 되고, 잘릴 것 같으면 먼저 그만두면 되지. 차에 치이면 지구랑은 바이바이하면 될 뿐이야." 그게 전부다.

웃자고 하는 이야기가 아니라 현실적인 이야기다. 지구는 위험한 곳이고 많은 사람들이 지구에서 죽는다. 그렇다고 해서 겁먹은 토끼처럼 살아야 하는 건 아니다.

어떻게 하면 마음의 평화를 얻을 수 있나요?

어느 정도는 마음을 편히 먹고 일상적인 습관을 형성하려는 태도에 달려 있다.

마음이 평화로운 사람들은 무언가 다르다. 그들 각자는 매일 평정을 유지하는 훈련을 한다. 누구는 기도하고, 누구는 명상하고, 또 누구는 새벽에 해변가를 거닌다. 모두가 안식처와 고요함을 찾는다. 내면에 집중하다 보니 외면 또한 보게 되었다.

4년 동안 나는 심신의 안정을 가르치는 주말 세미나를 열었다. 안정을 배운 사람들이 변하는 걸 지켜보며 놀라움을 금치 못했다. 그들이 말했다. "두통이 사라졌어요. 요통이 사라졌어요. 사업이 번창하고 있어요. 애들이 전보다 행복해해요. 남편 태도가 바뀌었어요. 골프를 잘 치게 됐죠." 대부분 참가

자들은 무언가를 '하지' 않았다. 단지 내버려 뒀을 뿐이었다.

서구 사회에서는 무언가를 하라고 가르친다. 그에 반박하지는 않는다. 그러나 무언가를 시작하기 전에 세상에 맞서는 일부터 멈춰야 한다. 우리는 투쟁의 가치를 믿으면서 컸다. 일을 강요하고 사람들을 밀어붙이라고 배웠다. 그러다 보니 우리는 스스로를 지치게 하고 망가뜨렸다.

나는 이 교훈을 몸으로 깨달아야만 했다. 초상화가가 되기로 했을 때 어떤 것에도 방해받지 않으리라 생각했다. 내가 내린 처방은 '일주일에 7일, 하루 10시간씩 그림을 그리자. 효과가 없다면 하루 종일 그리자'였다. 내가 그린 그림은 슬픈 그림이었다. 지치고 짜증이 일며 절박함은 아무런 효과가 없단 걸 깨달았다.

삶을 투쟁이라고 믿는다면 삶은 투쟁으로 존재한다. 하지만 세상에는 내버려 두어야 저절로 풀리는 일들도 있는 것이다.

한 젊은 청년이 뛰어난 무예가를 만나러 일본 전역을 여행했다. 그를 만나 스승이라 칭하며 물었다. "최고가 되고 싶습니다. 얼마나 걸릴까요?" 그러자 스승이 말했다. "10년." 청년이 다시 물었다. "스승님, 전 매우 열의가 넘칩니다. 밤새도록 연습하겠습니다. 그럼 얼마가 걸릴까요?" 스승이 대답했다. "20년!"

현재에 집중해라

현재를 살기란 어렵고, 대개 과거를 후회하거나 미래를 두려워하면서 사느라 시간을 낭비한다.

현재를 사는 일이란 줄타기와 같다. 줄에서 떨어지는 건 당연하지만 연습하다 보면 더 오랜 시간 줄 위에서 균형을 유지할 수 있게 된다. 현재에 전념하는 두 가지 전략을 살펴보자.

• 필요한 만큼 시간을 들여 일하라

서두르면서 살지 마라. 우리 믿음 체계가 '시간이 별로 없어'라고 한다면 정말로 시간이 없어진다. 즉, 버스를 잡으려고 달려가고 엘리베이터를 타러 달려가고 전화를 받으면서 점심을 먹게 된다.

무엇을 하든지 간에 말해라. "이 편지를 쓰는, 이 셔츠를 다리는, 이 운동을 하는 동안은 온 정신을 여기에 집중하겠어. 필요한 만큼 시간이 걸리겠지. 서두르지 않겠어."

• '개'처럼 느끼도록 훈련해라

개를 데리고 산책에 나가면 개들이 일일이 모든 덤불과 꽃과 잡초와 소화전에 아는 척하는 걸 관찰할 수 있다. 몇 번이나 갔던 같은 장소여도 개는 언제나 새로운 자극을 받는다. 개들은 현재를 산다.

개처럼 느끼도록 훈련하다 보면 우리 마음이 보통 딴 곳에 가 있다는 걸 깨닫는다. 밥을 먹으면서 모든 맛을 음미해 보자. 친구와 대화하며 모든 단어를 새겨듣자. 노래를 들으며 모든 음에 귀 기울이자. 산책하는 동안 모든 나무를 자세히 보자. 서서히 요령을 배울 수 있다.

"시간은 충분해"라고 주장하자. 반복된 주장은 무의식으로 자리 잡는다. 마음이 급한 경우에 되새기자. "시간은 충분해."

수피교의 신비주의자들은 인간은 잠든 채로 태어나서 잠든 채로 생을 살고 깨어나기 전에 죽는다고 말한다. 내 생각엔 의식 활동을 두고 하는 말 같다. 무언가를 하면서도 정신은 점심 메뉴에 가 있는 경우가 많다.

줄 위에서 오래 견딜수록 삶은 더 나아진다.

왜 긴장을 풀어야 하지?

우리는 모든 일에서 어떤 결과를 쫓고 있다. 그러나 깊은 휴식과 명상, 기도는 다르다. 결과를 뒤쫓지 않으며 장기적으로 하면 이득이 있다. 단, 온 정신을 현재에 집중한다. 행위 자체가 보상인 것이다. 이때 우리는 무언가를 '가지려' 하거나 '하려' 하지 않고 그 안에 '있을' 따름이다.

반복해서 깊은 휴식을 취하는 것을 연습하다 보면 그 조용한 경험의 특성이 일상으로 스며든다. 우리는 더 편안하고 직관적인 사람으로 거듭난다. 마치 옷감 한 조각을 향기 나는 물에 담글 때마다 잔향이 남는 것과 같다. 우리 모두는 내면의 소리에 접근할 수 있지만 삶이 너무 바쁘고 시끄러운 통에 미묘한 소리를 놓치고 만다. 외부에서 일어나는 일을 진정시키면 내면의 소리를 들을 수 있다. 직관은 어디에나 존재한다. 단지 우리가 듣지 못할 뿐이다.

마음을 쉬게 하는 일이 건강에 좋다는 연구 결과가 있다. 두 명문 대학 조사팀이 양로원에 거주하는 노인 73명을 아무 치료도 하지 않는 사람들과 매일 명상을 하는 사람들로 나누어 연구했다. 4년이 흐른 뒤, 명상하는 노인들은 모두 살아 있

었지만 명상하지 않던 노인들 중 4분의 1이 세상을 떠났다.[3]

1978년, 로버트 키스 월러스는 10년에 걸쳐 혈압, 청력, 근시의 세 가지 측정 수치를 기준으로 명상자들의 생물학적인 나이를 평가했다. 평균적으로 명상 기간이 5년 이하인 경우는 신체 연령이 또래보다 다섯 살 젊었고, 5년 이상인 경우는 열두 살이나 더 젊었다. 예를 들어, 60세의 노인은 5년 이상 명상을 해서 48세의 몸을 갖고 있었다.

나는 휴식을 취하고 명상이나 기도를 하면 더 안정된 기분이 든다. 그러나 이내 늘어져 기도와 명상을 그만두게 되는데, 이때부터 점점 인생에 스트레스와 짜증이 쌓이기 시작한다. 침착함을 잃게 된다. 그제야 다시 이전처럼 매일 안정을

"은을 사고, 금을 팔고, 프랑크푸르트행 비행기를 예약한 다음
헨더슨에게 해고당했다고 말하세요…"

취하기 시작하고, 그러면 인생이 더 순탄해진다.

바쁜 사람들은 이러한 주기를 반복한다. 명심할 점은 "안정을 취할 시간이 없을수록 무조건 쉬어야 한다"는 것이다. 그런데도 우리는 이 교훈을 실천하지 못하고 똑같은 과정을 되풀이한다.

휴식은 우리에게 분명한 건강상의 이점을 줄 뿐 아니라, 다른 장점도 가지고 있다. 사람들은 우리와 생각이 닮은 사람들을 끌어당긴다. 우리가 평화로우면 평화로운 사람들과 평화로운 상황을 가져온다. 화난 사람들은 평화로운 사람들을 이상하다고 여기면서 다른 곳으로 싸움을 찾아 나선다. 화난 사람들을 상대할 때 우리가 평화롭다면 그들은 대체로 우리에게 이끌려 오고 더 예의 바르게 행동할 것이다.

휴식이나 명상을 위한 기술을 얻고 싶다면 자신에게 맞는 방법을 제시하는 많은 책과 그룹들을 찾을 수 있다.

휴식과 명상을 위한 팁

· 정신적인 치유는 매일 해야 한다. 매일 같은 시간에 하도록 하자. 집중을 방해하는 것들을 피해 하루를 시작하고 싶다면 이른 아침이 좋다.

- 앉아서 해야 한다. 누워 있다가는 잠이 든다.
- 시간이 없어도 무조건 해야 한다.

명상을 하는 데 드는 시간보다 명상이 돌려주는 시간이 더 많다. 차를 정비하는 것처럼 스스로를 '조율'한다고 생각하자. 매일 20분이 능률을 향상시킨다.

사람들이 끔찍할 때

이렇게 해 보자. 언쟁을 하게 되고, 상사나 남편, 친척과 크게 문제가 생길 때마다 뒤로 물러서라. 가만히 앉아 있어라. 안정을 취해라. 그들을 받아들이는 자신을 느껴 보자. 당신이 하고 싶은 기발한 방식대로 그들에게 사랑을 표출하라. 너무 돌발적이라면 시도만 해 봐라. 따지려 하지 말고 그냥 그래 보자. 많은 사람들이 그러고 있다. 결과를 보면 놀랄걸.

요약하자면

안정되고 평화로운 하루를 만들겠다는 생각으로 하루를 열자. 잠들기 전까지 순항하는 날도 있을 테고 아침을 먹을 때부터 최악인 날들도 있으리라. 하지만 매일 마음의 평화를 목표로 삼으면 점점 삶이 나아진다.

한발 물러나기

온종일 광야를 헤매었을 때도 힘이 넘쳤는데 쇼핑몰에서 아침을 보낸 것만으로 트럭에 치인 듯 피곤함을 느낀 적 있는가?

우리를 둘러싼 모든 것, 예를 들어 풀, 콘크리트, 플라스틱, 폴리에스터 등에는 파동이 있다. 우리는 파동을 줍는다. 숲과 정원에서 나온 치유 파동은 우리의 에너지로 바뀐다. 콘크리트로 세워진 쇼핑몰과 주차장에서 나온 파동은 에너지를 앗아간다. 성당은 고결한 파동을, 탁자에 비닐을 덮은 더러운 음식점은 천한 파동을 갖고 있다. 담배 연기가 자욱한 바와 스트립쇼장은 천한 파동으로 우리의 에너지를 고갈시킨다.

천재가 아니어도 환경의 미묘한 에너지가 건강과 생각에 영향을 미친다는 점을 알 수 있다. 에너지가 가득 찬 날엔 질병과 타인의 나쁜 기분에 대항할 수 있다. 반면에 에너지가 저하되면 좌절과 질병이 들러붙는다.

요약하자면

자신의 몸을 어디에 둘지 까다롭게 고르자. 안 먹는 것만 못한 음식점이 있고 집에서 자는 게 더 나은 호텔방이 있다. 빈틈없이 자신을 보호하고 직관을 믿자. 에너지를 고갈시키는 장소를 피하자. 왠지 찜찜한 장소라면 머무르지 마라!

여유를 가져!

전 세계 문화권마다 시간에 대한 전
통과 예절이 있다는 사실은 우연이
아니다. 미국 인디언 청년과 아프
리카 부시맨은 청소년기에 무
리를 떠나 산꼭대기 위에 앉아 있거
나 덤불을 헤치며 인생의 목적을 찾는다.

위대한 성인이라 불리는 예수, 석가모니, 무함마드 모두 고
독으로부터 영감을 얻었고 그들의 발자취를 수많은 승려, 신
비주의자, 구도자들이 좇았다. 우리에게는 전화벨이 울리지
않고 신문이나 시계가 없으며, 통장 잔고가 기억나지 않는 신
성한 장소가 있어야 한다. 침실의 구석이건 발코니이건 숲속
이건 그곳은 사색과 창조의 장소이다.

세상을 넓게 바라보는 방법

무언가를 하나 골라잡으려고 해도
세상 만물이 그것과 상호 연결되어 있음을 깨닫는다.
-존 무어

17세기 이래 과학은 뉴턴식 접근법을 취해
왔다. 즉, 무언가를 이해하고 싶다면 잘게 부수
어서 파편을 살펴야 했다. 그래도 이해가 되지 않
는다면 더 잘게 부수어라. 분자에서 원자까지, 원
자에서 전자까지, 전자에서 쿼크와 보존까지 샅
샅이 훑다 보면 마침내 우주를 이해한다.

과연 그럴까?

워즈워스의 시를 전치사와
대명사로 나누고 낱말을 알
파벳으로 나눠 보자.

시를 더 많이 이해하게 됐는가? 〈모나리자〉를 붓놀림대로 나누어 분석해 봐라.

과학은 인간을 위해 놀라운 일을 해 왔지만 그건 현상의 한 면일 뿐이다. 과학은 쪼갠다. 지능은 대상을 분해한다. 반면에 마음은 대상을 한데 합친다.

지식과 지능으로 답을 내기 어려운 문제들이 있다. 친구를 분석하다 보면 그들의 장점을 놓친다. 우주를 분해하고 분석하면 우주에서 나 자신이 분열된다. 반면 공감하면 큰 그림이 보이고 가깝게 느껴진다. 관심을 쏟으면 즉시 대상과 연결된다. 만물은 연결되어 있다. 무언가를 쪼갤수록 본질을 잃어버리는 것이다.

요약하자면
분석의 반대는 통합이다. 사물을 전체적으로,
몸과 인류를 전체적으로 보자. 그럼 건강해진다.

감사와 마음의 평화

"평생 '감사합니다'라고만 말해도 충분하다."

–마이스터 에크하르트

잠시 삶과 그 안에 사는 사람들을 판단하는 일을 멈추자. 내일 아침에 일어나서 하나님, 알라, 대자연 정령, 여호와, 혹은 짐 등이라 불리는 우주적인 힘을 가진 존재에게 말해 보자. "제게 삶과 가족과 집과 친구들과 아침을, 그리고 내일을 주셔서 감사합니다." 그러면 보통 때보다 더 만족스럽지 않을까? "당신은 우리 가족을 못 봐서 그래요"라고 말하기 전에 다음 날 또 그다음 날에도 감사함을 느낄 수 있다고 상상해 보자. 더 평화롭지 않을까?

우리는 괜찮지 않다는 피드백을 들으면서 자란다. 그로 인해 가족과 연인, 차와 직업 또한 괜찮지 않다고 여긴다. "직장에서 존경받는다면, 메르세데스 벤츠가 있다면" 하고 자신에게 없는 것에 집착한다. 그러니 마음의 평화가 달아날 수밖에.

매번 우리가 무언가에 감사할수록 마음이 평화로워진다. "감사합니다"라고 말할 때마다 "지금 내가 가진 것과 내가 있는 자리를 인정하고, 배워야 할 걸 배우는 중이다"라고 다짐하게 된다.

마음의 평화는 우리가 가진 것에 집중할 때 온다. 자신의 삶을 받아들이면 모든 일이 우리를 위해 어떻게 봉사하는지 보일 것이다.

요약하자면

진정으로 마음의 평화를 원한다면 언젠가는 감사함이 필요하다는 걸 알게 될 것이다. 기억하자. 감사하고 싶다면 감사하는 마음을 가지고 깨어나라. "삶이 나아진 후에 감사해야지"라고 말한다면 결코 달라지지 않는다.

그래서 결론은?

인생의 의미를 찾는 책을 보면 죽음을 거론할 가치가 충분히 있어 보인다. 우리가 죽지 않는 존재였다면 삶이 더 공평하지 않을까? 그래야 적어도 실수에서 배우는 게 있을 텐데. 버스에 치여 죽은 다음에 '빠르게 지나가는 버스는 피해야 한다'는 새로운 깨달음이 무슨 소용 있겠는가? 그나마 위안이 되는 것은, 75년을 살아도 아직 인생의 끝이 보이지 않는다는 사실이다.

아인슈타인이 가설에 힘을 싣는다. 그는 에너지가 만들어지지도 없어지지도 않는다고 말했다. 즉, 우리가 죽으면 영혼에 어떤 일이 일어난다. 뼈는 데이지 꽃의 거름이 되겠지만 우리는 뼈와 살 이상의 존재이다. 영혼은 어딘가에 남아 있다!

'육신을 떠나는 경험' 또한 죽음 이후를 암시한다. 본인이 겪지는 않았어도 들어는 봤을 거다. 몰리 이모가 말한다. "수술대에 오르자 순식간에 내가 내 몸에서 멀어졌어. 위에서 내가 수술을 받는 걸 지켜봤지. 의사가 한 모든 말이 기억나. 시카고 불스에 대해 얘기하더라고."

당신은 몸 이상의 존재이다. 더 이상 '몸'이 아닌 부분은 어떻게 되는가?

아인슈타인과 몰리 이모는 삶이 계속된다고 가정한다. 아인슈타인과 서양 사상가들은 이구동성으로 죽은 후에 더 많은 것을 알게 된다고 말한다. 한 가지는 분명하다. 죽음 건너편에 무엇이 있는지는 확실치 않지만 죽음은 사는 동안 삶을 즐겨야 한다고 장려한다. 참 똑똑한 체계다.

"이승은 고통스럽지만 저승에는 보상이 기다리고 있다"라는 사고방식은 가장 최악이다. 마땅히 가져야 할 태도가 있다. 훨씬 더 좋은 생각은 바로 이것이다. "내세가 옷소매에 무얼 감추고 있든지 현재 할 일은 여기서 삶을 개척하는 거야."

요약하자면

사랑, 자기 확신, 동정심, 바구니 짜기와 같이 살면서 갈고 닦은 모든 기술과 능력은 죽어서까지 가지고 간다. 그러므로 지금 이 세상에서 잠재력을 충분히 실현하고 결과가 좋기를 기도해.

9장

사람들을 어떻게 사랑하냐고?
그들을 있는 그대로
받아들이면 된다

조건 없이 사랑한다면
완벽하게 받아들인 셈이다.

우리가 이곳에 있는 이유

콘플레이크 상자를 보다가 한 대회를 알게 됐다.

'열 자 이내로 물음에 답하세요. 삶의 목적은 무엇인가요?'

뭐라고 쓸까?

'프리홀드에 있는 집을 사서 물건들로 가득 채운다?'

'백만 달러를 벌어서 버뮤다로 간다?'

'골프 핸디캡을 한 자릿수로 낮춘다?'

사실 우리 모두는 인생에 그보다 더 중요한 무언가가 있다는 걸 알고 있다. 사람이 먼저고 BMW와 구찌 신발은 장식일 뿐이다. 그러나 가끔 우리는 샛길로 빠져 가죽 정장이나 새 오락 기계라는 하찮은 일에 몰두한다.

모든 영화와 노래에서 반복되는 주제가 무엇일까? 사람을 사랑하는 일이다. 진짜 우선순위를 깨닫기 위해 얼마나 많은 비극을 겪어야 하는가?

마리안느 윌리암슨은 임종을 맞은 사람들에 대해 이야기하며 이 점을 되짚는다. 그 누가 사랑하는 사람들에게 둘러싸인 마지막 순간에 "2만 달러만 더 벌어 놨어도……"라고 얘기하던가? 보통은 "엄마와 아이를 잘 부탁해"라고 말한다. "내 차 좀 부탁해"라는 말도 하지 않는다. 그러니 '우리가 왜 태어났는가'란 질문에 대답하려면 "서로를 사랑하려고"라는 말이 어울리지 않을까?

갓 태어난 아기들을 대상으로 미국 병원에서 실험을 한 적이 있다. 첫 번째 그룹의 아기들은 안아서 10분간 토닥여 줬고 두 번째 그룹의 아기들은 토닥여 주지 않았다. 첫 번째 그룹은 두 번째 그룹보다 체중이 두 배나 증가했다. 이런 종류의 치료법을 부르는 긴 의학 용어가 있는데 그건 중요하지 않다. 중요한 건 '사랑'이다. 아기들은 사랑 없이 자라지 않는다. 성인이 되어도 똑같다. 사랑이 없다면 우리는 언제나 고통에 빠진다.

다 큰 사람들이 이런 말을 하는 것을 수도 없이 들었다. "평생 소원이 아빠한테서 내가 자랑스럽다는 말을 듣는 거였어요. 평생 소원이 아빠한테서 사랑한다는 말을 듣는 거였어요."

솔직히 우리가 하는 모든 일은 더 많이 사랑받으려는 시도이다. 길을 지나며 마주치는 모든 사람과 건물에 들어오는 모든 이들이 사랑과 인정을 갈구한다. 누군가는 그걸 받으려고 미친 짓을 벌이기도 한다.

우리는 왜 이렇게까지 신경을 쓸까? 왜냐하면 인생을 잘 살기 위해서 그리고 우리가 왜 이곳에 있는지 알아야 하기 때문이다. 우리의 최우선 순위가 서로 사랑하는 것이라는 데 동의하지 않을지라도 무엇이 자신에게 가장 중요한지를 알게 될 테니 쓸모가 있다.

서로 사랑하라는 말에 동의한다면 "……를 하면 더 큰 행복이 나와 가족, 친구와 이웃에게 찾아올까?"라는 기준을 사용해 모든 것을 파악할 수 있다.

사랑하라는 것이 만나는 모든 사람에게 입맞춤을 해 주라는 말은 아니다. 또 사랑한다고 해서 꼭 제3세계에 도움의 손길을 내밀어야 한다는 것도 아니다. 단지 사람들을 섣불리 판단하지 말라는 것이다.

즉, 그들이 입고 싶은 옷을 입고, 살고 싶은 대로 살고, 되고 싶은 대로 되도록 그들을 비난하지 않고 있는 그대로 인정해 주어라.

스스로를 위해 용서하자

용서는 제비꽃이 자신을 짓이긴 발꿈치에 남긴 향기다.

-마크 트웨인

우리는 머릿속으로 사람들이 어떻게 행동해야 하는지 규칙을 정한다. 누가 규칙을 어기면 그들을 원망한다. 우리의 규칙을 무시한 사람을 원망하는 일은 멍청한 짓이다.

상대방을 용서하지 않는 게 그들을 벌주는 거라 여기며 자라 왔다. "내가 용서하지 않으면 고통받겠지"라는 생각이다. 그러나 사실 고통받는 쪽은 자신이다. 응어리로 끙끙 앓기 시작한다.

다음번에 누군가에게 원망스러운 마음이 든다면 눈을 감고 자신의 감정을 느껴 보자. 몸을 느끼자. 사람들에게 죄책감을 심는다면 자신 안에서도 그 씨앗이 자란다. 그들은 자신의 행동을 알면서도 변하지 않는다. 그러니 그들이 죄책감을 느낀다고 해서 별로 달라지는 건 없고 내 삶만 무너질 뿐이다. 어떤 일들은 바뀌지 않는다. 폭우로 지하실에 홍수가 나면 "날씨를 절대 용서치 않겠다"고 말하는가. 갈매기가 머리에 똥을 쌌다고 해서 갈매기를 원망하는가? 아니라면 왜 사람들을 원망하는가? 우리가 폭우와 갈매기들을 통제할 수 없는 것처럼 사람들 또한 통제할 수 없다. 세상은 우리가 만들어 낸 죄책감과 비난에 근거해 움직이지 않는다.

용서를 말하자면, 의미 있는 인생을 위해 부모님을 가장 먼저 용서하자. 그들은 완벽하지 못하다. 우리가 어렸을 때 엄

"이런 사람이랑 어떻게 살아요?"

마와 아빠에겐 성공적인 부모가 되는 대중심리학 서적이 없었다. 게다가 우리를 키우는 일 외에도 다른 걱정거리가 많았다. 그들이 무엇을 잘못했든 간에 그건 이미 지나간 일이다. 엄마를 용서하길 거부하면서 매일매일 스스로 삶을 망치지 말자.

고통은 피할 수 없지만 불행은 선택이다

사람들은 말한다. "정말 나쁜 짓을 저지른 사람은요? 그 사람도 용서해야 하나요?"

내 친구 샌디 맥그레거는 1987년 1월에 샷건을 들고 거실에 들어온 한 남자에게 세 명의 딸을 잃었다. 비극은 샌디를 고통과 증오의 지옥으로 끌어들였다. 그가 겪은 고통은 상상조차 하기 힘들다.

시간이 흐르고 친구들의 도움을 받으며, 그는 삶을 제대로 돌려놓으려면 분노를 거두는 수밖에 없다고, 어떻게든 범인을 용서해야 한다고 생각했다. 샌디는 이제 다른 이들이 용서와 마음의 평화를 얻도록 도우며 지낸다. 샌디의 사례는 그토록 끔찍한 상황에서도 원한을 거두는 일이 인간적으로 가능하다는 것을 보여 준다. 또한 그가 자기 자신을 위해 그리고 생존을 위해 분노를 거두었다는 것을 알려 준다.

샌디 같은 경험을 한 사람들은 크게 두 부류로 나뉜다. 첫 번째 그룹은 분노와 비통함에 갇힌 죄수로 남는다. 두 번째 그룹은 예측할 수 없는 깊이의 이해심과 동정심을 갖게 된다.

우리를 변하게 하는 사건들은 대개 스스로 선택한 일들이 아니다. 누군가 말한 것처럼 우리는 자신이 원하는 무언가가 되기 위해 필요한 경험을 하고 싶어 하지 않는다. 실연, 질병, 외로움, 좌절 등 각자가 경험하는 일이 다르다. 그러나 지독한 상실을 겪고 나면 모두가 깊은 슬픔에 빠진다는 점은 같다. 하지만 그 경험이 궁극적으로 우리를 더 강하게 혹은 더 부드럽게 만든다.

샌디만큼 호되게 시련을 겪지 않은 사람들도 선택을 해야 한다. "인생을 가치 있게 살고 싶은가, 아닌가."

스스로를 사랑해야(적어도 좋아해야) 하나요?

물론이다. 자신을 좋아하지 않는 사람들은 싫다.

많이들 '자신을 사랑하라'는 개념에 익숙하지 않다. 그러면서도 배우자가 자신을 사랑하길 기대한다. 좀 이상하지 않은가? "도대체 어떻게 제 자신을 사랑해야 할지 모르겠어요"라고 말할 때는 언제고 아내가 자신을 사랑하지 않는다고 하면 화를 내는가. 진실로 건전한 인간관계를 가지려면 스스로를 좋아해야(사랑해야) 한다.

우리에게 없는 것을 다른 사람에게 줄 수는 없다. 있는 그대로 본인을 받아들이고 나서야 사람들도 우리를 있는 그대로 받아들인다. 본인이 한 잘못에 사로잡혀 다른 사람들의 잘못까지 찾으려 들지 마라. 기분이 나아지기 위해 하는 행동이겠지만 잘못을 발견해도 별로 나아지지 않는다.

우리가 잘못에 집중하는 동안 세상은 계속해서 우리에게 벌을 내리고 우리 자신도 끊임없이 스스로에게 벌을 내리게 될 것이다. 건강이 나빠지고, 빈곤과 외로움이 찾아온다. 자신을 좋아하지 않는 사람을 세상이 좋아할 리 없다. 그런데도 우리는 세상을 탓한다.

자신을 사랑한다는 건 무슨 의미인가요?

간단히 설명하자면 사랑은 용서와 같다. 자신을 사랑하라는 말은 우리가 여태 최선을 다해 살아왔다는 사실을 인정하라는 의미다. 자신을 죄인으로 몰지 말자. 완벽함은 잊고 더 나은 곳을 향해 나아가자.

자신의 단점을 용서해야 같은 단점을 가진 다른 사람들을 용서할 수 있다. 타인은 우리 자신을 비추는 거울이다. 우리가 그들에게 관심을 기울여야 어떤 삶을 살아야 하는지 배울 수 있다. 한마디로 문제는 항상 우리 자신에게 있다.

부모는 아이들을 위해서 자신을 있는 그대로 인정해야 한다. 아이들은 부모를 보고 배운다. 우리가 힘든 시간을 보내면 그들도 힘든 시간을 보내고 더 나아가 부모에게 힘든 시간을 돌려준다.

요약하자면
자신을 용서하면 남을 비난하는 일을 멈추게 될 것이다.

'이웃을 사랑하라'는 게 무슨 뜻인가요?

"사랑은 준 자와 받은 자 두 사람 모두를 치유한다."

-카를 메닝거

나는 '이웃을 사랑하라'는 말이 다음과 같은 뜻을 지닌다 생각한다.

· 판단하지 마라.
· 낙인찍지 마라.
· 어떤 기대도 하지 마라.

요약하자면
누군가를 어떻게 사랑하지? 사랑이란 단어를
인정으로 대체해 보자. 조건 없이 사랑한다면
완벽하게 인정한 셈이다.

이건 우리를 좌절에서 구하고, 실망에 빠지지 않게 만드는 매우 실용적인 전략이다. 또한 정신과 관련된 많은 가르침이 그러하듯 훌륭한 심리학적 조언이다.

우리는 말한다. "프랭크가 콧대 높은 이유를 알면 그를 사랑하게 될지도 몰라." 그를 사랑하겠다고 마음먹었다면 그를 이해할 수 있게 된다. 용서와 사랑은 똑같은 것이다. 아기를 사랑하는 일이 쉬운 이유는 우리는 아기가 순수하다는 걸 알기 때문이다.

사람을 사랑하면서 원망하는 건 어렵다. 그렇기에 어떤 상황에서든 사랑을 택했다면, 큰 진전을 이룬 것이다.

가족이 먼저다

왜 가족이 있어야 하는가?

가족은 무조건적인 사랑이 무엇인지 가르친다. 회사에 동료를 두고, 술집에 친구들을 두고 떠날 수 있다. 하지만 가족은 다르다. 아무리 가족이 날 화나게 만들어도 이 사람들과 평생을 함께 가야 하므로 어쨌든 그들을 사랑하는 방법을 배워야 한다.

가족이 어떻게 생겼든 무엇을 해 줄 수 있든 간에 상관없이 인정하는 법을 배우고, 내면으로 사랑하는 법을 배워야 한다. 《벨벳 토끼 인형》에서 '털 빠진 말'은 무조건적인 사랑이 무엇인지 보여 준다.

"진짜는 우리가 만드는 게 아니라 저절로 생겨나는 거야. 한 아이가 너를 오래오래 사랑한다면, 단지 같이 놀기 위해서가 아니라 진짜로 너를 사랑한다면, 너는 진짜가 될 거야. 갑자기 그렇게 될 수는 없어. 차츰차츰, 오랜 시간이 걸리지. 그래서 쉽게 약속을 깨거나, 예민하거나, 조심성이 없는 사람들에게는 그런 일이 자주 일어나지는 않아. 보통 우리가 진짜가 될 때쯤이면 털이 다 빠지고 눈알이 튀어나오고 관절은 약해져서 초라해져. 하지만 그런 건 아무 상관이 없지. 왜냐하면 일단 진짜가 되면 못생겨 보이지 않으니까. 이해하지 못하는 사람들만 못생겼다고 할 뿐이야."[4]

가족을 당연하게 받아들이다

우습게도 우리는 저녁을 먹으러 온 낯선 손님을 가족보다 잘 대한다. 낯선 사람을 접대해 본 적 있는가? 이틀을 꼬박 최고의 은식기로 식탁을 차리고 해산물, 딸기, 프랑스 샴페인을 나른다. 그러고 나면 다시는 안 볼 사람들인데 말이다.

다음 주, 부모님이 집에 찾아오면 그들은 남은 찌꺼기를 먹는다. 우리는 알지도 못하는 사람들에게 더 친절하다. 가끔은 부모님을 위해 랍스터를 남겨 두자.

내가 포옹하는 법을 배운 건 아버지의 여생이 얼마 남지 않았을 때였다. 많은 부자지간이 그렇듯 내가 여덟 살이 되자 나는 더 이상 그를 껴안지 않았다. 남자답게 보이고 싶어서였다. 진짜 남자라면 애정 표현을 부끄러워하지 않는다는 것을 알기까지 20년이 걸렸다.

나는 작가이기 때문에 텔레비전과 신문에서 더러 내 이름을 볼 수 있다. 그러나 일요일의 헤드라인이 월요일에 쓰레기가 된다는 사실을 알고 있다.

나는 나에게 묻는다. "나를 진짜로 이해하고 의지하는 가족과 친한 친구들에게 나는 어떤 사람일까? 믿을 만하고 의지할 만하고 자상하고 괜찮은 사람일까?" 중요한 건 이것이다.

배우자를 지지하기

"관계의 종류에는 두 가지가 있다. 하나는 팀이고, 다른 하나는 경쟁이다."

오후 6시까지 집에 왔어야 할 프레드가 돌아오지 않은 지 두 시간이 넘었다. 메리는 무척 걱정한다. "그에게 무슨 일이 생긴 거지?" 8시 15분이 되자 프레드가 집에 들어온다. 그녀는 무사히 돌아온 그에게 소리친다. "이렇게 늦을 거면 사고라도 당하든가!"

프레드가 맞받아치자 메리는 무시무시한 침묵으로 돌아선다. 곧 그들은 서로에게 한 마디도 하지 않는다.

침대로 간 그녀는 베개에 놓인 노트를 발견한다. '내일 회사에 일찍 나가 봐야 하니까 7시에 깨워 줘.' 다음 날 아침 그는 9시 30분에 일어나 자신의 베개에 놓인 메모를 본다. '일곱 시야. 일어나.'

많은 부부가 서로를 얼간이처럼 보이게 하는 데 최선을 다한다.

그들에게 팀워크를 추천하고 싶다. 나는 한평생 나를 도와주고 격려를 아끼지 않는 아내를 만나 복 받은 사람이다. 내가 쓰는 글과 내가 하는 일에 대해 언제나 줄리의 조언을 구한다. 그녀의 도움이 없었더라면 내가 지금 하고 있는 일을 할 수 없었을 것이다. 우리의 친밀한 모습을 본 웨이터와 승무원들은 종종 묻곤 한다. "혹시 신혼이신가요?" 우리에게는 그 말이 엄청난 찬사로 들린다.

같이 살기로 결정한 이상, 서로를 지지하자. 배우자를 지지하지 못하겠다면 왜 관계를 지속하고 있는지 고민해 봐야 하지 않을까.

사랑과 두려움

《기적의 수업》에서는 우리에게 사랑과 두려움이라는 두 가지 마음이 있다고 말한다. 두려움에서 온갖 부정적인 감정이 나온다. 두려움은 매우 단순한 개념이자 자신의 감정을 살펴볼 수 있는 유용한 출발점이다.

제인이 말한다. "화가 났을 뿐이라고요. 두려운 건 아니에요." 생각해 보자. 남편 빌이 지독한 술 냄새와 향수 냄새를 풍기면서 집에 들어온다. 제인은 매우 화가 난다. 소리치고 비명을 지르고 그릇들을 부엌에 던진다. 사실 그녀가 소리치는 이유는 두려움 때문이다. 그가 그녀를 사랑하지 않아서, 그를 잃고 있는 것 같아서, 그가 입고 있는 스포츠 잠바에 붙은 긴 금발이 두려워서다. 우리가 화를 낼 때, 사실 우리는 두려워하고 있는 것이다.

짐은 빚이 걱정된다. 그가 말한다. "이건 그저 걱정이에요." 두려움의 다른 말은 '걱정'이다. 두렵지 않다면 왜 걱정할까? 우리가 걱정한다는 건 우리가 두려움에 빠졌다는 이야기다.

질투는 어떨까? 질투 또한 두려움이다. 질투하는 사람은 자신이 다른 사람들보다 못하다 여기고 그들도 그렇게 생각할까 봐 두려워한다. 우리가 질투하고 있을 때 우리는 두려워하고 있다.

분노, 질투, 걱정, 절망 뒤에는 두려움의 그림자가 어슬렁거린다. 그런데 사랑과 두려움이 어떻게 유용할 수 있다는 걸까? 마음을 인정하면 우리는 더 솔직해진다. 우리가 화를 내는 이유가 우리가 흔히 생각한 것과 다름을 깨닫게 된다.

두려움을 없애고 싶으면 먼저 두려움이 존재한다는 사실을 인정해야 한다. "날 질투 나게 만들다니 참 세심하지 않군"이라고 말하면 문제는 해결되지 않는다. "당신이 잘생긴 사람과 이야기를 나누는 게 왜 두렵지?"라고 질문을 던질 때 비로소 그 감정에서 벗어날 수 있다. 그제야 상대방의 잘못 대신 두려움을 인정한다. 그리고 두려움을 인정하면 두려움을 넘어설 수 있다.

두려움을 인정하면 사랑하는 사람들에게 우리의 감정을

설명하기가 쉬워진다.

"여보, 내가 화난 이유는 두렵기 때문이에요. 당신이 그 삼천 달러짜리 옷을 사면 일 년을 굶어야 하니까요."

"네가 늦게 집에 올 때 내가 소리치는 이유는 네가 길에서 무슨 사고라도 당하지 않았을까 미치도록 두려워서야. 너를 잃는다면 내가 어떻게 될지 모르겠어. 너무 두려워."

두려움을 인정하면 타인을 탓하지 않는다. 결국 "왜 내가 두려워하는지 나도 알고 싶어. 네 잘못이라는 말이 아니야."

완벽하지 않아도 된다고 인정하고, 두려움에 입각해서 감정을 설명하면 사랑하는 사람들은 거기에 응답할 것이다. 약점을 인정하는 건 욕설을 퍼붓는 것보다 효과가 있다.

또한 다른 사람들이 화를 내는 이유가 우리가 생각하는 이유와 다르다는 점도 기억하자. 그들이 실제로는 두려워한다는 것을 안다면, 우리는 더 이상 그들의 행동에 겁내지 않을 것이다.

우리는 말한다. "사랑과 두려움이 인간의 주된 감정이라면 많은 사람들이 두려워하고 있다는 말 아닌가요?" 정답이다. 모두가 꽁무니가 빠져라 겁을 먹고 있다. 바보처럼 또는 뚱뚱하게 보일까 봐, 직장이나 돈을 잃을까 봐, 체면을 구길까 봐, 강도를 당할까 봐 두려워하고 늙어 가는 것과 혼자가 되는 것, 삶과 죽음을 무서워한다. 그래서인지 모두들 이상하게 행동한다.

그럼 어떻게 기분을 좋게 할 수 있을까? 사랑받는다는 느낌을 주는 것이다.

10장

우리의 사명은 세상을 바꾸는 게 아니라 우리 스스로를 바꾸는 것이다

답은 우리 안에 있다.

세상이 아닌 자신부터 바꾸자

지긋지긋한 것들에도 신물이 난다면
그때 우리는 바뀔 것이다.

고속도로 위에서 모든 사람이 당신을 죽이려 한다고 생각한 적 있는가? 잔뜩 화가 난 채로 집을 나서는 날이면 사람들이 도로에서 당신을 밀어 버리려고 하는 것처럼 느껴진다. 분노를 느끼며 사무실을 나오면 지하철에서 다른 사람들이 당신에게 욕을 한다. 그 반대 또한 진실이다. 사랑에 빠진 사람들에게 세상은 얼마나 다르게 보이는가!

세상은 하나의 거울이다. 당신이 마음속으로 느끼는 것이 외부로 나타난다. 외적으로만 노력해서는 우리 삶이 바뀌지 않는 이유이기도 하다. 거리를 지나다니는 사람들이 불친절하다고? 그 거리를 바꾼다고 해서 사람들이 친절해지지는 않는다.

직장 동료들이 아무도 나를 존중하지 않는다고? 직장을 바꾼다고 문제가 해결되지는 않는다.

우리 대부분은 그 반대로 배워 왔다. "네가 하는 일이 싫다면 직업을 바꿔라. 아내가 마음에 들지 않으면, 그녀를 바꿔라." 때때로 직업을 바꾸거나 당신의 파트너를 바꾸는 것이 더 적절할 때도 있다. 하지만 스스로가 바뀌지 않는다면 또다시 똑같은 상황에 놓일 것이다.

제럴드 커피 대위는 북부 베트남에서 전쟁 포로로 7년이란 시간을 보냈다. 그는 시간이 흐르면서 변화된 자신의 마음가짐을 돌아보며 말했다. "처음에는 그저 신에게 내가 처한 상황을 바꾸어 달라고 기도할 수밖에 없었죠. 신이시여, 5분만이라도 시간을 주신다면 잡히기 전에 다른 곳으로 달아나겠습니다…… 신이시여, 제발 미국이 전쟁에서 승리하여 제가 이곳을 떠날 수 있게 해 주세요."

그가 이어 말했다. "시간이 지나면서 내 기도는 다르게 변해 갔지요…… 더 나은 사람이 되겠다고, 이 상황을 견디는 것뿐만 아니라 이 경험을 통해 무언가 배우고 나아가겠다고 기도하기 시작했어요." 그의 기도 주제는 "주변 상황의 변화"에서 "나의 변화"가 되었다. 그는 어떤 기초적인 원리를 발견했고, 그 시점부터 그가 처한 현실의 목적이 무엇일까를 바라보기 시작했다.

우리 앞에 놓인 상황이 무엇이든지 간에, 거기에서 배우는 교훈이 있기 마련이다. 그렇기 때문에 우리가 그곳에 있는 것이다! 신에게 우리의 처지를 바꾸어 달라고 비는 것은 전혀 도움이 되지 않는다. 우리 스스로가 바뀌기 전까지 우리는 교훈을 배우기 위해 그 상황에 계속 놓일 테니까!

만약 메리가 결혼 생활에 어려움을 겪고 있다면, 바뀌어야 하는 사람은 메리다. 그녀는 말한다. "하느님, 만약 당신이 제 남편 프레드를 변화시켜 주신다면, 전 정말 행복할 거예요!" 틀렸다! 프레드는 메리에게 화를 내고 변하지 않을 것이다. 둘은 결국 이혼을 한다. 그다음 해에 메리는 또 기도한다. "하느님, 척을 좋은 남편으로 바꿔 주신다면……."

우리가 "신이시여, 제발 제 주변 환경을 바꿔 주시어 제 자신을 바꾸는 어려움에서 구원하소서"라고 말하는 건 잘못된 것이다. 우리는 자신을 바꾸고, 그것에 대한 스스로의 생각을 바꿔 달라는 요청을 해야 한다. 상황에 대한 생각이 바뀐다면, 주변 상황도 바뀌게 된다.

이 모든 게 말도 안 되고 이상한가? 물리학의 측면에서 한번 살펴보자. 삼백 년 전 뉴턴은 모든 물질은 변하지 않고 한정된 실체를 가진다고 주장했다. 하지만 오늘날의 양자역학과 하이젠베르크의 불확정성의 원리는 다른 논리를 제시한다. 즉, 관찰자에 따라 물질 고유의 성질이 변화한다는 점이다.

이것은 일상생활에서 어떤 의미를 가질까? 옛 성인들이 늘 가르쳤듯 사물이나 상황은 우리가 바라보는 방식에 따라 달라진다는 점을 물리학이 확인해 준다. 생각을 바꾸면 삶 또한 바뀔 것이다. 삶을 변화시키는 일은 우리 내면에서 벌어지는 일이기에 다른 사람이 함께 행동해 주길 기다릴 필요가 없다. 내가 움직이면 세상도 움직인다. 내가 변하는 만큼 다른 사람들도 변하거나 새로운 사람들로 교체된다. 그들이 우리에게 교훈을 주는 동안 우리도 그들에게 교훈을 주고 있다.

요약하자면

인간관계에서 자신을 변화시키는 건 가능하지만 상대방을 바꾸려는 노력은 빛을 보지 못한다.

변화해야 하는 것은 세상이 아니다

한동안 아파서 침대에만 있다가 오랜만에 밖으로 나가 본 적 있는가? 하늘과 나무, 풀을 보니 기분이 날아갈 것 같지 않던가? 5년 만에 처음으로 옛 친구를 만나면 기분이 좋지 않은가? 세상이 바뀐 것도 아닌데 인생이 갑자기 풍요롭게 느껴진다. 바뀐 건 우리 자신이다. 신선한 시각에서 세상을 바라보면 기쁨이 생겨난다.

행복하려면 무언가를 취하기보다는 도움이 되지 않는 생각들을 버려야 한다. '그녀는 뚱뚱해. 그는 코가 커. 그녀는 입이 커'와 같이 사람들의 단점만 열거한다면 마음의 평화가 깨진다. 스스로 우월하다고 착각할 수도 있겠지만 단지 세상과 사람들이 괜찮지 않다고 혼자 주장하는 거나 다름없다.

우리가 사람들과 그들의 단점까지 있는 그대로 받아들이겠다고 마음먹는다면 세상과 자신의 자리가 완전히 다르게 보인다. 마침내 안도할 수 있다.

어떻게 하면 되냐고? 우리가 더 좋아하는 사람과 시간을 보내되 그렇다고 해서 그 외의 다른 사람들을 '잘못된 사람'으로 생각하지는 않으면 된다. 우리가 더 선호하는 특정 상황이 있을 수 있지만, 모든 상황을 선악으로 가르지는 말자. '마음의 평화'를 얻는 것이 궁극적인 삶의 목표이므로 다른 시선으로 주변을 바라보자.

프레드가 말한다. "우리 가족은 내가 부정적인 면만 바라보도록 가르쳤는걸." 괜찮다. 성숙하면 생각과 행동을 책임지기 시작한다. 프레드, 이제 자신의 생각에 책임을 질 수 있으니 변하도록 해 봐.

우리가 주변에서 좋은 점을 찾는다면 스스로를 더 잘 알게 될 거다. 우리는 사람들을 있는 그대로 보지 않고 우리의 시각에서 판단한다. 당신이 경험하는 세상은 사실 당신이 경험하는 자기 자신이다. 보고 있는 게 마음에 들지 않는다면 도구를 탓해 봤자 아무 소용 없다.

요약하자면

삶을 변화시킬 때 자신을 변화시키는 것은 가능하지만 세상을 바꾸려고 노력하는 것은 헛된 일일 뿐이다.

우리는 혼자가 아니다

당신이 누군가를 만난다면, 그것이 신성한 만남임을 잊지 마라.
당신은 그를 본다고 생각하겠지만 사실 자신을 보게 될 것이다.
또한 그를 대접하는 만큼 자신을 대접할 것이다.
절대로 잊지 마라. 그 사람 안에서 나를 발견할 수도,
나를 잃을 수도 있다.
-《기적의 수업》 중에서

세상은 우리의 생각보다 훨씬 더 경이롭다. 너무나 정교하게 짜여 있기 때문에 우리는 우리에게 필요한 교훈을 언제든지 다른 사람에게서 얻을 수 있다.

성인들이 가르치기를 너의 성장이 나의 성장이고, 너의 고통이 나의 고통이므로 우리는 모두 하나라고 했다. 동일 선상에서 우리는 모두 연결되어 있다고 말했다. 완전히 이해하기는 어려운 개념이다. 하지만 우리가 변할 때 다른 모든 것들 또한 왜 변하는지 이유를 설명한다.

칼 융은 주변 환경이 '우리의 욕구와 일치하는' 현상을 설명하면서 '공시성'이라는 용어를 최초로 사용했다. 그는 공시

성이란 "의미 있는 두 현상이 동시에 발생하지만 인과적으로 연결된 것은 아니다"라고 표현한다.

공시성의 개념을 받아들인다면 어떻게 될까?

- 삶의 목적을 가진다.
- 모든 사건과 모든 사람에게서 목적을 발견한다.
- 우리 스스로를 희생자처럼 느끼지 않게 된다.

생각해 보라. 당신이 세상의 창조주라면 모든 사람을 희생자로 만들기보다는 사람들에게 스스로 성장하도록 만들어 그 주변 환경 또한 발전시킬 기회를 주지 않을까?

"60억 인구가 적시 적소에 서로에게 알맞은 교훈을 주려면 타이밍이 기가 막혀야 하잖아"라고 말할 수 있다. 놀랍게도 수십억 개의 다른 세포들이 사람의 몸속에서 상호작용하는 것과 별반 다르지 않다.

공시성과 개인의 전체적인 연결성의 개념에 반대하는 이유도 있다. 인간을 개인적인 존재라고 간주하면 다른 사람을 탓하기 쉬워지기 때문이다. 하나 우리가 모두 연결되어 있다고 인정한다면 자신과 타인 모두에 책임을 져야 한다.

내가 봤을 때 행복하고 능률적인 사람들은 '합일'을 잘 이해하고 있다. 인생에서 일어나는 모든 사건을 의미 있는 피드백으로 여긴다. 그들은 환경이 자신을 따라오리라고 기대한다. 성과를 내는 사람들은 인생을 우연이라고 생각하지 않는다.

내가 선택하고 있는 건가
아니면 삶이 이미 결정되어 있는 건가

'숙명'이나 '운명'과 같은 말들은 우리 삶에 얼마나 들어맞는가? 인간의 관점에서 볼 때 우리는 삶의 방향을 스스로 결정하기도 하고 이미 삶의 방향이 정해져 있다고 생각하기도 한다. 나는 두 가지가 공존할 수 있다고 생각한다. 우리는 정해진 길을 따르면서 동시에 스스로 선택하고 있다(불가능하다고? 신은 그 정도는 해내실 수 있는 분이다). 위대한 인물들은 꾸준히 노력해서 위대해졌다는 점을 관찰해 보자. 그들에게는 가야 할 길이 있지만 그들은 누군가가 자신을 데려다주기를 바라지 않는다.

우리는 3단계를 거치면서 우주의 법칙을 알아 간다

• **1단계:** 특별한 목표가 없다. 인생은 운에 좌지우지된다고 믿는다. 아무 데로 정처 없이 걷는다. 희생자의 정신 상태다.

• **2단계**: 목표를 이루려고 노력한다. 목표를 설정한다. 목표를 시각화하고 연습과 노력으로 훌륭한 결과를 만들어 낸다. 때때로 목표를 이루지만 행복하지 않은 날도 있다.

• **3단계**: 자신을 준비한다. 현재에 최선을 다하고 순리를 따른다. 종종 삶은 우리의 상상보다 더 좋은 보상을 내린다. 좋은 타이밍과 노력 중간에서 균형을 잡아야 한다는 걸 깨닫는다. 절망과 좌절이 아닌 다른 대안도 있다. 우리가 마음의 평화와 안정을 얻는다면 투쟁심 대신 도전해야겠다는 의지가 생긴다.

의미는 어디에 있는가

단지 좋은 행동 한 가지를 한다고 해서 삶이 의미 있어지는 것은 아니다. 수많은 작은 행동들 속에서 의미를 찾고, 그 행동들 사이의 연관성을 발견해야 한다.

프레드가 백만 달러를 벌어 놓고서는 묻는다. "도대체 뭐 한 거지?"

메리가 승진하고서는 말한다. "도대체 무슨 의미가 있지?"

사라에게는 아이가 있지만 여전히 우울하다.

인생의 의미는 부자가 되거나 회사 사장이 되거나 엄마가
되는 일에 있지 않다.

그 의미는 현재에 있다. 우리가 어디에 있건 마찬가지다. 의
미를 찾길 바란다면 순간순간에 집중해야 한다. 그러고 나면
언젠가는 보상받을 날이 올 것이다.

참고 문헌

1. "Come from the Heart" Words and Music Susana Clark and Richard Leigh Copyright © 1987 EMI April Music./GSC Music/Lion Hearted Music Inc.
2. BLACK, Dean. 1992, The Frogship Perspective, 1992, Tapestry Communications, pp.16-7, 117-8.
3. CHOPRA, Deepak, M.D. 1989, Quantum Healing, Bantam Books, New York, Toronto, pp.193-4.
4. WILLIAMS, Margery, 1922, The Velveteen Rabbit, Harper Collins, Sydney, Auckland.

마음 가는 대로 해라

펴 낸 날 1판 1쇄 2022년 9월 30일
2판 1쇄 2023년 12월 8일

지 은 이 앤드류 매튜스
옮 긴 이 김유경

표지디자인 별을 잡는 그물 양미정
본문디자인 곰곰사무소
책 임 편 집 강가비, 백지연

펴 낸 곳 데이원
출 판 등 록 2017년 8월 31일 제2021-000322호
편집부(투고) 070-7566-7406, dayone@bookhb.com
영업부(출고) 070-8623-0620, bookhb@bookhb.com
팩   스 0303-3444-7406

마음 가는 대로 해라 © 앤드류 매튜스, 2022
ISBN 979-11-6847-095-8 (03320)